会撒娇的女人最好命 系列之
Everyone Loves Tender Woman

总有一天我会遇见你

台湾诚品书店十大华文畅销作家
两性畅销书作家

罗夫曼 著

当代世界出版社

图书在版编目(CIP)数据

总有一天我会遇见你/罗夫曼著．—北京：当代世界出版社，2010.1

（"会撒娇的女人最好命"系列）

ISBN 978-7-5090-0609-2

Ⅰ.①总… Ⅱ.①罗… Ⅲ.①女性-爱情-通俗读物 Ⅳ.①C913.1-49

中国版本图书馆 CIP 数据核字(2010)第 000079 号

著作权合同登记号：图字 01-2010-0292

本书由松果体智慧整合营销有限公司授权当代世界出版社出版中文简体字版本

书　　名：	总有一天我会遇见你
	（"会撒娇的女人最好命"系列）
出版发行：	当代世界出版社
地　　址：	北京市复兴路 4 号(100860)
网　　址：	http://www.worldpress.com.cn
编务电话：	(010)83907528
发行电话：	(010)83908410(传真)
	(010)83908408
	(010)83908409
	(010)83908423(邮购)
经　　销：	新华书店
印　　刷：	北京市通州京华印刷制版厂
开　　本：	650×970　1/16
印　　张：	12
字　　数：	170 千字
版　　次：	2010 年 3 月第 1 版
印　　次：	2010 年 3 月第 1 次印刷
书　　号：	ISBN 978-7-5090-0609-2
定　　价：	24.80 元

如果发现印装质量问题，请与承印厂联系调换。

版权所有，翻印必究；未经许可，不得转载！

ONE DAY I WILL MEET YOU

好命女，
选择值得自己爱的男人，
歹命女，
执着于自己想爱的男人。

目录 CONTENTS

【自序】您有未接来电3000个…… / 001

Part 01. 孤单不是天注定，是你自找的 / 001

Part 02. 你的孤寂和心碎，不是终点，而是起点 / 007

Part 03. 熟男像二手车，请不要疯狂飙车 / 012

Part 04. 如果，你可以在麦当劳买到卫生棉 / 019

Part 05. 嘴太挑的熟女，迟早吻到蟾蜍 / 025

Part 06. 没有结果的爱，像癌细胞，要及早清除 / 032

Part 07. 烂桃花是霉运，不是你太有魅力 / 040

Part 08. 如果韩剧编剧是上帝，你就是韩剧女主角 / 046

Part 09. 好命女的幸福秘诀，只有三个字 / 054

Part 10. 爱要自然，不要靠太多伎俩 / 061

Part 11. 让你动心的，不见得就是真命天子 / 068

Part 12. 败给孤单的人，没有资格谈尊严 / 075

Part 13. 当你习惯孤单，就会失去恋爱的能力 / 082

Part 14. 要幸福，就先找出你的"好命关键词" / 088

目录 CONTENTS

Part 15. 三个秘诀，检测他到底值不值得你托付一生？／094

Part 16. 四种状况，透视他的人品和修养有多好？／101

Part 17. 外貌只是招牌或包装，不等于真爱／108

Part 18. 即使没有爱，年纪到了，就要成家？／115

Part 19. 爱要满分，情人只要六十分就好／123

Part 20. 花花公子要心碎九次，才懂真爱／128

Part 21. 他会爱上你或离开你，只要一句话／135

Part 22. 好男人要成为好老公的三百个条件／140

Part 23. 每天改变一点，缘分自然来按门铃／145

Part 24. 不是你的菜，再可口也不要乱吃／151

Part 25. 分手像拔牙，拔完别急着吃牛排／157

Part 26. 再苦再煎熬，也要等到"对的那一盘"／162

后记　吃汉堡或喝咖啡时，请记得带这本书／169

附录　自找美好姻缘的十八个生活提案／172

附录　罗夫曼语录／174

自序

您有未接来电 3000 个……

每次和男友吵架,她都会关机好几天。

等到她气消了,开机时最期待收到的讯息,是有多少个未接来电。

如果男友连续打了二十个左右,她的气就消了一半,如果连续打了三十个以上,她就会高兴地立刻和他联络,赦免他的罪过。

然而,她也遇到过几个倔强的男友,在她关机期间,只打了二三个电话,没有短信,也没有留言。

像这样没有诚意的男人,她会不留情面地判他们"不够爱她"的死罪,就此分手,直接删除号码,再也不会和他们联络。

后来,她又交了一个男友,他非常乖,完全遵循她这个"未接来电"的游戏规则,每次他们一吵架,她不高兴关机再开机后,他总是有连续打五十多个电话的完美纪录。

就这样,两人交往很顺利,几年后,也已经论及婚嫁,但有一天,两人为了婚后是否要和公婆同住,又狠狠地吵了一架,她一气之下,又习惯性地把手机关机,最后愈想愈气,干脆把电话号码都换掉,然后搬家到另一个城市,要让男友永远找不到她。

然而,过了一个月后,她气消了,却不见男友来找她,她只好回到原住处,这次,反而换她找不到男友了,拼命打他手机,也是空号。

或许是她这几年,交了太多男友,提早把爱情额度用完,从此以后,她再也交不到男朋友,不管她再怎么减肥、打扮和参加各种社团,她就像被人下了诅咒般,再也没有人和她来电,她也没有力气再去电别人。

就这样,她开始一个人逛街,一个人去租DVD,一个人吃饭,甚至故意选平常日,躲在最后一排,一个人看电影。

渐渐地,她再也受不了这种孤单无依的日子。

然而,朋友想介绍她去参加联谊或相亲,她又放不下身段,她对朋友说,与其要让人家品头论足的,她宁愿一辈子孤单。

渐渐地,她再也不逃避和孤单一起过日子。

只是,每到佳节或假日,她都要到南部深山的道观里去修行。

朋友都知道,表面上她说很喜欢远离尘嚣的清心修行,其实骨子里是不想看见节日时,街上到处都是情侣或全家人出来展示幸福的游行。

以前,她很喜欢节日和假日。

现在,每到假日,她连住家楼下的便利商店都不敢去,因为满满的都是不认识的人,更别说是平时常去的咖啡馆或茶餐厅了。

还有,她每天下班回家,也都要故意绕一大圈,多走三十分钟的路,因为,她不想看见路边的公园里,那些手牵手相依偎的幸福画面。

有一次,台湾发生大风灾,南部许多山区都有泥石流和洪水的灾情,她当时刚好在山区里修行,风灾过后,桥断路毁,她被困在深山中。

她等了三天三夜,才在漆黑的夜里,被直升机救出来,当救灾人员问她到了平地后,要联络谁来接她,她怔了一下,假装没听到,过了一会儿,却掩面狂哭了起来。

救灾人员是贴心的人,抱了她一下,也不多说就去问别人。

在直升机上,她看见地面上密密麻麻的灯火,那里住着几千几万人,却不知道哪一盏亮光中,有人会真心地拥抱她,对她说,担心死她了,下次再也不要让她到深山里……

那个夜晚,当直升机降落时,她故意留到最后一个才下机,因为,她真的很怕其他人下机时,被亲友拥抱的场面,会更显得她是多么的孤单。

她下了直升机后,一个人就往机尾的方向冲,想躲到角落,找机会趁大家不注意时就溜走。

然而,当她正要冲向机尾时,一只强而有力的手拉住了她,把她拖回人群里,当着大家的面,一个男人紧紧地拥抱了她。

她被抱得很紧,看不清对方的脸,但她冰冷的身体,被抱在温热的怀里,这种失去已久的温暖,让她热泪盈眶。

她哭了一会儿，急着把对方推开，想看清他的脸。

原来，拥抱她的人是和她一起在深山同修的道友，一个不起眼的中年男人，他说，刚才在直升机上，他听到救灾人员和她的对话，没有别的意思，只是想给她一点温暖。

如果用以前的标准的话，她根本不会将他放在眼里，但她从此忘不了他那个晚上给她的温暖，所以她试着打开心房，主动和他联络，谢谢他的温情拥抱，两人开始交往。

同样地，她把"未接来电"的游戏规则告诉他，听完后，他立刻找了一张纸写了一些字，然后剪下来，贴在她的手机上，上面写着：

"您有未接来电 3000 个……"

他说，他这辈子可能会惹她生气一百次，如果每次她不高兴，他都要打 30 个电话，才能见到她，那他宁可现在一次打 3000 个电话预存在她那里，将来她再生气时，就不能再避不见面，有误会和冲突，应该当时就沟通清楚，否则，阴错阳差又失去彼此，将是人生最大的遗憾。

她，又热泪盈眶，心里默默地告诉自己，以后不论如何生气，再也不要轻易离开他了……

我身边有很多单身男人，他们说，有好多好多话，想对世上的单身女孩说，但往往话还没说出口，莫名的自尊和防卫，早已淹没了他们……

我身边也有很多单身女人，她们说，上帝和整个世界，都遗弃了她们，因为，世上没有任何男人，真正了解她们在想什么？要什么？

当你觉得很孤单，无依无靠，千万不要以为，全世界只有你在受这种煎熬。

如果可以，单身男人，真的有好多好多话，想对单身的你说。

单身男人想对你说的是，他们真的不想一个人，这样孤独地活下去，这样苍老下去，直到死亡降临。

他们更不想一个人，看见绚丽眩目的晚霞，这么美的东西，孤单地一个人看，是世间最残酷的惩罚。

然而，爱情是男女双方都投入，才能发生的奇迹，单身男人再渴望爱，也无法一个人谈恋爱。

有时候，他们遇见对的女人，女人却因内心一丝的不安，而关掉手机。

有时候，他们遇见不对的女人，在委婉拒绝女人后，内心又渗入很多遗憾和愧疚。

他们真的很想，要有一个女朋友，一个爱人。

问题是，为何他们总是无法进入你们的内心？总是无法得到你们的青睐？不管他们再怎么穷追苦缠，你们总是把心用几十道锁，锁得紧紧的？

或者，你们经常只为了一个小小的争吵，就不惜要把彼此的感情都抛掉，不然，就是要男人打几百个电话，向你低头，你才肯放过他。

如果两人相爱，为何你们要如此折磨对方呢？

虽然有点迷信，但我深信，每个人一生的"爱情额度"，是有限的。

或许，你总认为男友不听话或不贴心，大不了换一个，反正你可以拥有更多选择，不怕没有人爱，更不怕找不到更好的男人。

或许，你单身许久，也不是没人追，而是你一直用"捡石头"的心态，拒绝别人的真心，只想把石头愈换愈大，妄想到最后可以换成钻石，甚至可以换到像沉在泰坦尼克号里那样的一颗超级大钻石。

很不幸的，我多年的观察下来，那些有"用石头换钻石"心态的女人，最后，换到的不是大石头，更不是钻石，而是一个人吃饭、逛街、看电影和在寒夜里一个人蜷身失眠的孤单。

老实说，我写这么多书，只有一个小小的心愿，那就是，希望全天下的女人，都可以拥有属于自己的恋情和幸福。

同样的，我写这本书，也想告诉你：

孤单，是你自找的。

美好姻缘，也是你自找的。

如果你可以想通这个道理，真的打开心房，你就会相信我说的，在这地球的某个角落，一直有个单身男人，在心里默默地对你说：

亲爱的，总有一天我会遇见你……

PART.01

孤单不是天注定,是你自找的

拜托！不要再向我抱怨，你之所以会这么孤单，都是因为上辈子造孽，或者是祖上风水不好，或是有小人在暗中破坏你的姻缘……

人生苦短，我们都好不容易拥有去爱别人，去享受爱情的机会，就算你心碎九百次，也千万不要轻言放弃这个权利，想去深山当道姑或理光头去当尼姑，让自己的感情交白卷。

事实上，你的情缘和机会，从来就没有断过，只是你没有调整好自己的频率，接收不到有缘人的讯号，或者有缘人早就来按门铃，你却不知自家门铃坏掉而已。

想要拥有好姻缘，不是每天烧香拜佛就可以，你必须要有所行动，有所改变才行，改变自己不好的说话习惯，改掉无可救药的任性，改变自己消极封闭的信念。

要知道，爱情这种东西不是乐透，不会从天上掉下来，就算它是乐透，你也要肯花钱去买，才有可能中大奖。

缘分,不是上天注定的,是需要你自找的。

如果情人节或圣诞节到来时,你只会在家里诅咒路上一对对的情侣,或对家中的父母和小狗乱发脾气,怪东怪西的,怪他们害你没有男朋友。

说实在的,你不如听听那些也同样身陷孤寂苦牢的单身男人,他们是怎么说的,他们是怎么想的。

然后,开始行动去找自己的缘分,你的人生,才不会永远一直在回放这种"每到节日就诅咒情侣或怪别人坏你姻缘"的烂戏码。

根据我多年的观察,很多条件不差的单身女子,之所以会长期没有爱人,主要原因还是在于她的"心态"。

例如,她坚信,姻缘是要靠老天钦点的,她不能强求。

所以,她永远只能呆立在街头,等着前面巷子的转角,在某一天会出现白马王子,你和他都不用互相了解,当场就一见钟情,从此一生甜蜜恩爱,幸福。

这样的结果当然是满分。

很抱歉的是,尽管她晴天雨天黑夜凌晨不停地站在街头等待,从转角出现的,永远都是那些老爷爷、老奶奶和刚下课的小朋友之类的人物,并不会有帅哥在街上骑白马来搭讪她。

例如,她坚信,她是尊贵矜持的,只能她挑人,不能人家挑她。尤其父母告诫说,女孩子不能主动追男人,否则婚姻会不幸福。

因此，即使她对某男有感觉，也只能等他自己来追。

或者，就算人家来追了，她也要一再矜持地委婉拒绝，不可以随便就答应人家，甚至还要先考虑对方的家世和父母职业，可能的话，连人家养的宠物，是否为没有血统证书的私生子，都要列入考虑。

再者，还有很多女孩子个性倔强，和男朋友吵架，一定要对方先低头认错，而且一定要认错三次以上，她才会气消，如果对方只认错两次半，她就和解，那么，她就会觉得将来会被吃得死死的，永不得翻身。

事实上，就是这些大女人的心态，才让很多条件不差的单身女子，长期没有爱人。

对于这些姐姐妹妹们，我只能说，孤单，不是上天注定的，而是你自找的。

只是，很不幸的，这个真理，从前没有人告诉你，父母不懂，学校老师更不可能教你这个道理。

加上电视、报纸和网络，每天都有一堆垃圾广告和迷信说法，把你洗脑成爱情脑残患者，像天线宝宝一样，只能每天自怨自艾空等待，等不到白马王子就歇斯底里，怪东怪西怪上帝。

然而，你也算是很幸运的。

因为，你有缘看到这本书，只要你看得懂我在写什么,而且你的脑残没有达到天线宝宝加海绵宝宝乘以一万倍的地步,你就应该还有救。

我说过,你会长期没有爱人,主要原因在于"心态"。

从现在开始,每天一点点地改变、调整自己的心态。

要把爱情当成是一个很神圣、很重要的人生功课,而不是依据自己情绪好恶进行的情感游戏。

相信我,这么一来,你就可以量身订作自己的美好姻缘。

毕竟,缘分,不是上天注定的,是需要你自找的。

当然了,孤单也是。

总有一天 | 006
我会遇见你 | ONE DAY
I WILL MEET YOU

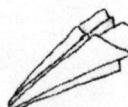
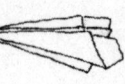

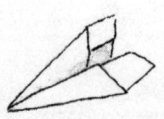

PART.02

你的孤寂和心碎,
　　　不是终点,而是起点

有一次，我在一家餐厅认识一位女店长，和她相谈甚欢，最后我们相约到其它地方吃饭聊聊。

那天，我看她盛装打扮，容光焕发，正想赞美她的魅力令人无法抗拒时，她却一坐下来，就拼命地说她过去交过几个男朋友，都是被劈腿，前任男友还暴力相向，打断她的鼻梁，后来还一直去她家骚扰，甚至恐吓要放火烧她全家，逼得他们不停地搬家……

就这样，她整整说了快两个小时，叫来的东西也都没什么吃，最后，我愈听心情愈沉重，胃也开始抽筋。

终于，等到人家餐厅快打烊了，她才告一段落，语气上也好像是要我期待续集的样子，但我实在受不了，只能奉劝她一句：

你的孤寂和心碎，不是人生的终点，而是另一段爱情的起点。

后来，我发现她好像听不懂我的意思，只喃喃自语地说，男人都不是好东西，她再也不想对爱情抱着太大的期望了。

我在写这篇时，Shakira 正在唱 Underneath Your Clothes，里面有一句：

Underneath Your Clothes，There's an endless story……

唱得真贴切。

是啊！没有一个人的孤寂和心动，是单一事件。每个人的内心，都是由密密麻麻的故事组成的。

因此，当你看见一个单身男人，要意识到，他并不是一生下来就注定是单身或孤寂的，或许他也曾有过几段恋情，或者也有几段恋情和他擦身而过，只是他没有认出来而已。

他并非一生都在追求孤寂，你在他身上所看到的孤寂，可能只是他人生旅程的一个片断，并不代表他的全部。

过去，他拥有了很多故事，未来，他仍有很多机会，可以再写下许多感人的故事，只要你和他有缘，彼此有感觉，你就有机会进入他的内心，去共同创造人生中那些刻骨铭心的故事。

同样的，你也有密密麻麻的故事，只等待有缘人来按下 PLAY 键。

然而，最重要的是，你不能放弃，不要逃避，更不要躲藏、伪装，用尽心机，用保护色隐藏在城市的某个角落，让有缘男人找不到你。

在城市的每个角落，有很多渴望真爱，却也习惯逃避真爱的单身男女，每天和孤寂拔河，脆弱时被拉进地狱，坚强时又拒人于千里之外，如此一来一往，早已伤痕累累，体无完肤。

寻找真爱的过程，本身就是爱情的一部分，没有心碎和孤寂，就没有坚贞和信念，爱本身也无法变得神圣。

你不能否定和逃避你的孤寂和心痛，你应该要敞开心胸，勇敢地拥它入怀，然后，从这个孤寂和心痛开始，去踏上追寻真爱的旅程，你的人生，你的爱才会圆满。

可惜的是，大部分的单身女孩，都选择了逃避和封闭，选择了孤寂和心碎，把它们当做人生的终点，而不是爱情的起点。

如果你们继续如此封闭和消极，你们身边，就算有再多追求真爱的单身男人，也永远无法和你们相遇。

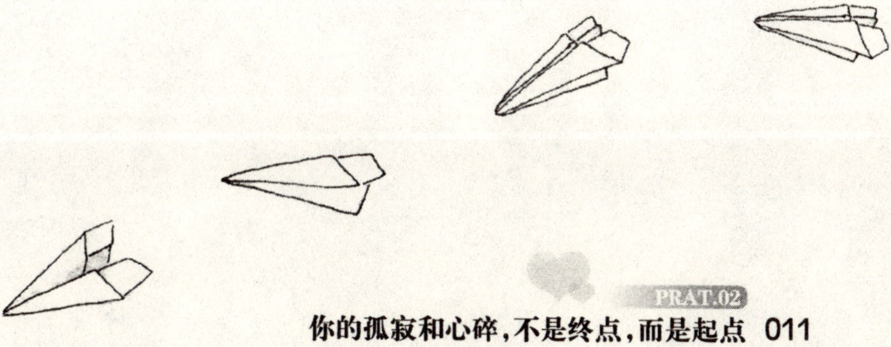

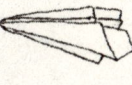

PRAT.02

你的孤寂和心碎，不是终点，而是起点　011

PART.03

熟男像二手车，
　　请不要疯狂飙车

看到新闻每天都在报导六十岁的某个企业大亨,娶了小他三十几岁的漂亮美眉,心中有很多很多的感慨。

虽然嘴上骂企业大亨是为老不尊,但心中却羡慕得要命,心想,如果我也有这样的老爸,给了我这么庞大的资产,可以用钱来搞定一切,娶个三妻四妾,还可以交很多女朋友来玩玩,每天醒来就是吃喝玩乐,住豪宅坐名车,那么,我宁可下辈子投胎去当畜牲,无悔无憾。

然而,这只是想想,毕竟我老爸不是他老爸。

其实,我最感慨的是,如果他不是这么有钱,家世背景没有这么好,而只是一般的老人家或像我这样还有一堆房贷车贷要缴的熟男,照理说,应该不会选择这样的少妻,来陪他度过下半生(她是否真能陪他到走入棺材,很多人都有很大的怀疑)。

像我这样的熟男,如果要选伴侣,老实说,除非是我有被虐强迫症,否则,我不会选下列两种女孩子:

一、太漂亮的。

二、太年轻太嫩的。

原因很简单,太漂亮的,十有八九都很娇,需要男人宠,主见太强,又自认为是绝世美貌的公主,相对的,她身边的都是奴才,真的很难伺候。

至于那些不是太漂亮,但年纪太轻太嫩的,又一点都不贴心,比如她踩到我的脚却当做是踩到跳舞机的软垫一样,踩了一下,觉得好玩又踩第二下,一点都不知道人家的脚会痛。

或是故意说出我很不想听的话(例如,说很喜欢我下垂的脸颊和鱼尾纹之类的),当我气得血压升高,她却还高兴地说我气色变红润,都是她的功劳……

我不知道那位企业大亨,是否会遇到和我一样的遭遇,或许她的少妻应该是个例外,但前提是他的财富和地位必须都还在,如果哪一天他千金散尽成为一般的老人家,或许她也会让他的血压持续升高。

如果你还自认有年轻美眉的外表和魅力,那么,你可以选择像这种有钱有年纪,愿意提着老命宠你的企业大亨。

或者,你可以选阳光青春的年轻小伙子,就是不要选我们这种没钱没体力也没有胆识的熟男。

男人都是这样。

年轻时,像刚出生的小狗,老虎野狼甚至是吸血鬼或蜘蛛精都没怕过,管她什么变态千金女或野蛮娇娇女,只要遇到了，都是弄到手再说。

直到自信和耐性被磨光，青春和健康都说再见，才惊觉自己早就从年轻小伙子变成熟男，剩下的只有一身的疲惫和满心的创伤，还有不堪回首的回忆。

如果熟男要再谈恋爱或找伴侣，多半都会先盘点自己荷尔蒙的库存，还有拿出自己的体检报告，来评估一下自己，还可以承受什么样的蹂躏和折磨。

熟男，说穿了就像一台二手车一样，再也不能像新车那样任女人狂飙乱冲的。

因为，熟男身上的零件不能换，引擎也不能大修，顶多车壳洗一洗打打蜡，开出去买菜或上班，或者节假日出去三十公里以内的地方玩玩，乍看还很像样，但你要他上山下海或去跟人家飙车，那么，最好保险买多一点，准备帮他料理后事。

所以说，对于新恋情或人生伴侣的选择，熟男的考虑，十个有九个应该都是要稍有历练的，懂得将心比心的贴心女，剩下那一个可能就是那个六十岁的企业大亨所娶的那类的，但那种人实在不多，你就别多想。

如果，你也想找一个成熟稳重的伴侣，共同经营一段稳定的感情，那么，你应该选择那些懂得随时盘点库存的熟男，而不是那些又高又帅、外表迷人、内心却像幼儿园没毕业的孩子一样的自恋小男人。

如果,你的目标也是锁定在熟男,那么,你一定要听我的劝,不要再把你年轻或小时候的娇娇女脾气拿出来装可爱。

我记得,有一次和某位轻熟女约会,刚开始她也是装得很稳重,很懂事,但两人愈聊愈开心,彼此情投意合时,她却突然像是被海绵宝宝附身,开始嗲声嗲气,说她平时爱看动画片,最喜欢海绵宝宝,还告诉我她最好的朋友是加菲猫,最不喜欢吃青椒,不喜欢做家事洗衣服……

突然间,我又想起刚退伍时,被年轻的娇娇女折磨到想去非洲当难民的那种恐怖噩梦,全身,尤其是背脊,瞬间像是被涂上风油精,一阵阵寒气直直地渗入骨子里。

当时我心想,如果我真的选择这种山寨版的嫩女(只是内心嫩,外表已经不嫩,年纪也不小) 当我的人生伴侣,那么,将来等我老了,只要我有一点地方不顺她的意,当她推着坐轮椅的我出去晒太阳时,可能就会不小心把我推到十字路口或铁路交叉口,然后她一个人回去看动画片……

所以说,如果你想得到熟男的心,就要先把自己的个性升级,不要再那么娇纵霸道和幼稚,毕竟,熟男本身的各种额度已经有限,他们不可能再像年轻人那样挥霍无度,更不可能再去投资像雷曼兄弟那种高风险零报酬的感情，不但没有任何回报，还要负债累累，甚至有死在快车道或铁路交叉口的风险。

切记！熟男是二手车，不能狂飙突进，不过，话说回来，只要你懂得定期保养和维护，二手车开起来，舒适安全又不会打滑，反而可以降低行车风险，安稳地陪你走完人生，这才是你应该要考虑的吧！

总有一天
我会遇见你 | 018
ONE DAY
I WILL MEET YOU

PART.04

如果，你可以在麦当劳
　　　　买到卫生棉

我常劝单身女性朋友，不要妄想在网络和夜店找到真爱，下场却是被她们痛骂。此外，她们还会举出一堆例子，说谁谁谁就是在网络和夜店找到另一半，又说他们从此过着幸福快乐的日子。

我知道女人都会用梦想和选择性的记忆，来消除自己的不安，放大自己的期望，然而，就像《他其实没那么喜欢你》里面说的，别人的幸福往往只是"特例"，而你却把它当成"常态"，每天活在不切实际的期待中，难怪网络男虫和夜店下药男贼，永远都有新鲜猎物自动送上门，你们这些不知死活的笨女人，真是他们最好的供货商。

老实说，我也知道你有时很闷很无聊，在家里像在坐牢一样，好像家里是真空无尘室，害你呼吸不到空气，不出去透透气，就会窒息死掉。

如果只是心情很闷，我也赞成你和朋友出去玩一玩，但如果你是抱着很大的期望和妄想，想在夜店或网络上找到真爱，那么，你只会像小白兔掉到布满尖桩的陷阱一样，搞得遍体鳞伤。

运气好一点的，等你醒来，会发现对方免费送你一堆赠品，像是梅毒、艾滋病等等。

总之，醒醒吧！你因为孤单而到夜店找慰藉，下场只是更孤单而已，根本一点用都没有，相反的，副作用倒是有一堆。

对我来说，所谓的夜店，是让寂寞的人更寂寞，空虚的人更空虚的一个灯火暗暗，可以喝酒跳舞和做梦的地下室或密闭空间而已。

当你趁着酒意壮胆，在夜店认识很多陌生人时，尤其你不知道这些人的来头，不知他们是人是鬼，只凭外表和感觉来说服自己，相信对方是好人，顶多也只是和你一样，来店里排遣寂寞的人时，你就已经把自己当成烧腊店里被挂起来的烤鸡或烤鹅，下场就是任人宰割，没有人会理会你的哀嚎。

当然了，说到这里，也有不少女性朋友反驳我，说她们去那么多次都没有发生什么事，而且她们都会挑说英文的帅哥或老外，人家都是高学历，不会那么没有水平的。

很不幸的，前阵子才报导，有两个老外，尽管会说英文，长得又高又帅，但酒精冲脑后，还不是一样干出下药迷奸女孩子的无耻勾当。更可气的是，他们被警方约谈后，立刻搭机潜逃出去。

这样的人渣，比我们本土的男虫男贼还不如，光是会说英文，长得高帅，有什么用，衣服脱掉了，还不是禽兽一只。喔，不对，这样说还污辱禽兽了，他们应该是比禽兽还不如，至少，禽兽干了人神共愤的事，也不会搭机潜逃。

至于网络，相信我，亲爱的，你想在网络找到真爱，就好像要在麦当劳买到卫生棉一样，根本是天方夜谭的事。

当然了，还是有人在网络找到爱人，但这种事可遇不可求，就像我们永远不知道，麦当劳什么时候会开始卖卫生棉一样，你可以去网络上捞捞看看，这是你的自由，但不要有太高的期望和妄想。

毕竟，网络的讯息是不完整的，是残缺的，剩下很大的空白部分，都要你用想象去填空，除非你是超人，不仅可以凭几个字或照片，就看出他的真面目，否则，你的想象，和事实之间，永远有很大的差距。

如果你只是把网络当牵线工具，认识他以后，就用真实面对面的方式，来了解他，来和他相处一段时间，或许你的妄想就不会落差太大。

但话说回来，人跟人即使面对面相处，也不见得等于真正认识对方。

人不可貌相，在还没搞清楚对方有什么创伤或阴影之前，你根本不算是真正认识他，即使你们交往有了一段时间，在内心深处，你们都还是陌生人。

再者，爱是一种奇迹，由上帝当导演，编剧则是上帝的太太或外婆，反正不是你，你不能把爱当工程或写程序，不能预设目标，更不能急着要有进度或成果，当你在这种焦虑和不安的状况下，往往只会伤到别人，累死自己，下场比孤单还凄惨。

总之，网络，只是一个工具，不是你的全部人生。

你可以用它来工作，抒发心情，和朋友联络感情，但不能因此而把自己封闭起来，把自己的幸福都寄托在上面，而完全不和现实世界接触。

如果是我，我才不相信网络上的一堆鬼话和那些被加工过的照片，如果我是你，我会现在就关掉电脑，不要再花那么多时间，用虚拟的妄想，去把自己活埋起来。

宁可走出去认识更多活生生的人，去公园，去菜市场或小区图书馆也好，至少，这些人，不会因为停电或中了病毒，就突然消失掉。

总有一天 | 024
我会遇见你 | ONE DAY I WILL MEET YOU

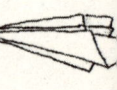

PART.05

嘴太挑的熟女,迟早吻到蟾蜍

根据我的观察,在熟女的感情世界中,常会出现一种"蟾蜍登天"的现象。

所谓的"蟾蜍登天",意思是,很多条件很好,事业有成,多金又有品味的熟女,虽然身边有很多不错的对象,但是她因为眼界太高,嘴太挑,千挑万选,拒绝了许多王子,踢开了好几打青蛙,到最后,竟然被一只比青蛙还丑的蟾蜍捷足先登,从此变成蟾蜍的奴隶,一辈子都无法翻身。

我以前因工作关系,曾和一位连锁发廊公司的负责人吃过饭,她是个女强人,单身多金,但是很不好相处,吃东西嘴很挑,说话也很犀利。

第一次和她见面的人,都会被她吓一跳,因为,她的发型就像被十万伏高压电电过一样,很夸张地竖了起来。眼睛四周,也画着很浓的烟熏妆,乍看很像是东南亚地区夜总会里,正要登台的艺人。

在饭局上,听朋友说有很多帅哥在追她,此外,很多政商权贵的公子哥,也对她很有兴趣,在社交圈中,大家都在流传着一个八卦，都说没有人看过女强人素颜的样子，听说她连睡觉也都保持这样的妆扮，晚上在巷子里走路时，还常吓到路人。

然而，她非常自信，我行我素，完全不管别人的眼光和批评。

可惜的是，她太高估自己的意志力，也太忽略自己在感情上的强烈需求。

饭局结束后，大约过了几个月，我又听朋友说，她吃安眠药自杀，所幸被邻居发现，送到医院之后已经抢救过来。

每个听到这件事的人，都吓了一大跳，心想，这么有自信的女强人，为何会落到这种下场？

大家七嘴八舌，一堆人凭着各方情报，终于拼凑出一张完整的感情拼图。

原来，她有很长的一段时间，都没有男朋友，尽管她身边有不少条件不错的对象追她，但她总是嫌东嫌西的，没有人可以进入她的内心。

本来，她以为自己每天工作满档，加上到处演讲和参加社交活动，天天活得很充实，就可以不需要爱情。

然而，她不知道自己内心其实对亲密关系，有很强烈的渴求，尽管夜深人静时，偶尔有很强烈的孤寂感涌上心头，但她都用意志力去克服，白天也因为面子问题，从不向人提到自己的空虚感，当然更不会让那些想追求她的人发现，她其实是很孤单脆弱的。

想不到，才不到一个月，她就好像得了忧郁症，还去看了心理医生，内心仍愈来愈不快乐，食欲降低，夜难安眠。

虽然医生劝她不要太挑剔，赶快找到有缘人，有人和她亲密互动，感情有了寄托，忧郁的症状，自然会减轻。

但碍于面子，加上她太好强，就是放不下身段，主动去联络那些想追求她的人，出来聊聊或约会。

结果，她的病情愈来愈重，有一天，她在总公司开完店长会议后，一个人躲在会议室里偷哭，正巧被一个新来的年轻店长看见，这个店长的长相实在是不怎么好看，甚至有点流里流气的，但是，他是很聪明的人。

这位店长早有耳闻老板娘没有情人，心想她内心应该很空虚寂寞，于是他就厚着脸皮展开攻势，送花发短信，甚至被女强人叫进办公室臭骂一顿，他却说，即使被开除，也不会改变想追求她的心意，因为，他真的是对她一见钟情，而且陷得很深，每天都在想她，他只要求女强人和他吃一顿晚餐，如果女强人吃完晚餐后，仍没有感觉，他愿意辞职，从此消失。

就这样，女强人禁不住寂寞的煎熬，就去赴了约，在高级餐厅中，两人喝了红酒，相谈甚欢。最后，店长送她回家,趁着酒意,就摸上了床,和她发生了关系。

就在两人偷偷交往的那段时间里,女强人从店长年轻的肉体上,得到了很大的欢愉和满足,忧郁症也因此不药而愈。

然而,店长却辞掉了职务,每天在家等她下班,陪她吃喝玩乐,以及享受情欲的快感,渐渐地,女强人发现自己像有了毒瘾一样,离不开他,他见时机成熟,对她予取予求,前后骗走了好几千万,包括房子、车子和现金。

女强人也不是省油的灯,她也知道这个年轻人心机很深,但她无法控制自己的心和对情欲的渴求,只能一寸一寸地陷下去。

直到有一天,她发现自己怀了孕,同时,年轻人也就此人间蒸发,她痛苦得不敢声张,忍着痛一个人偷偷地把孩子拿掉,还跑到南部躲起来养身子。回到公司后,整个人又陷入很严重的低潮中,在夜深人静时,排山倒海而来的孤寂和绝望,狠狠地把她拖下十八层地狱。

最后,她受不了这种折磨,吞了一整瓶安眠药。

这就是我说的"蟾蜍登天"现象,高高在上的女王或仙女,王公贵族都吃不到的极品,结果却因错估形势,被蟾蜍一步登天,一口口把极品吞吃掉。

有一次,我和友人在闹市逛街,突然有一个中年男人拉着一个小女孩,向我们冲过来,乞求我们给他们一点钱吃饭，他们说已经好几天没吃饭了。

我和友人掏了几百元，要他赶快带小女孩去吃东西。

此时，我忽然想到那位女强人，我内心涌起一阵很深的感触，我发现，每个人的内心，也都有一个感情的存折，就和现实世界的理财一样，有人在感情上是个亿万富翁，内心有富足的感情资产，有很多人回报感情给他，他也和很多人，有非常亲密的连结。

相对的，在感情世界中，也有低收入贫困户和穷无立锥之地的乞丐，因为长期忽略了自己身心需要感情抚慰的需求，让内在的孤寂恐慌超出了极限，最后只好成为流浪汉，或跪在地上乞讨零钱的乞丐。

那位女强人，在感情世界中，应该是穷到身无分文的特级贫困户吧！

所以说，姐妹们，就算你真吃惯了鱼翅鲍鱼干贝，当这些高档货都缺货时，不妨先吃一下卤肉饭或牛肉面充饥一下吧！

毕竟，人要先能活下去再说，吃东西和谈感情时也不要嘴太挑，否则，挑来挑去，最后反而吻到一只又丑又赖的蟾蜍，即使用掉三百条牙膏，也刷不掉嘴里的恶臭。

PRAT.05
嘴太挑的熟女，迟早吻到蟾蜍　031

PART.06

没有结果的爱,像癌细胞,
　　　　要及早清除

爱情,本来就没有什么道理和逻辑可言,这点你早就知道。

很多男女看起来很登对,却彼此不来电,很诡异的是,那些根本不可能和你来电的,却莫名其妙地把你电个半死,像是女律师会爱上烟毒犯,或者是成绩优异的高中女生,把街头混混当成梦中情人一样。

难怪西方人会把爱神拟人化为调皮、且少根筋的丘比特,只因为有些爱情,实在很莫名其妙。

尤其是,如果你单身已久,一旦莫名撞上某个人,就会像是在沙漠中又饿又渴的难民看到绿洲,根本分不出什么东西是可以吃的,什么东西是美味且有益健康的,就算是毒草你也会大口吞。

最常见的状况,是遇上那些不该爱的人,例如好朋友的男人、有妇之夫、花心大少爷,或者是负债累累又爱赌博的人渣或骗子之类的。

很多女孩子,都以为生小孩是一生最痛的时刻,然而,我从许多女性朋友口中得知,人生中最痛的,不是生小孩，而是遇到不该爱的人，那种内在冲突、煎熬和心痛，简直是生不如死，最严重的时候，不但茶饭不思，夜夜失眠，甚至会难过到连呼吸都想停止。

那种苦和煎熬，让人感觉度秒如日，度日如年，每分每秒都像是有几千根毒针，在体外体内不停地戳刺着你，那种苦，会让你觉得，如果你是被刑讯逼供，那么，即使要被判五百年徒刑或死刑，你也会立刻招供，只求痛快了结，也不要再多活一秒钟。

没有经历过这椎心刺痛的人，根本无法了解你的苦，甚至会嘲笑你是花痴，见一个爱一个，爱一个就死一次，好像把你说成潘金莲那样。

所以说，当你陷入苦恋或不伦恋，要度过危险期，最好找个有爱情经验的好朋友，来陪你过这关，千万不要找那些不食人间烟火或假道学的男人，来对你的伤口洒盐。

然而，最重要的是，你一定不能有任何妄想，妄想你遇到的男人，会为你抛家弃子，为你离婚，或者为你戒毒、戒赌、戒花心之类的，从此爱你一辈子，不会再离开你。

如果你有这样的妄想，那么，你的苦痛和煎熬，不仅时间拖得更长，而且伤势会更严重，运气不好的话，可能会失去理智去做傻事，搞得两败俱伤，甚至和对方同归于尽。

再者，你也应该考虑到无辜第三者，比如你爱的男人，他原来的老婆或女友，甚至考虑到第四者、第五者，例如你的家人或男方的家人、朋友，是否也会跟着受害。

我有个朋友是单身熟女，她是从事金融业的专业人员，收入不错，但工作量很大，常常让她忙到没有时间去做美容或 SPA，整个人愈来愈像欧巴桑，当然了，好几年来也没有时间约会，没有男朋友。

但是，她是个身心健康，荷尔蒙也都正常分泌的女人，也就是说，她也很渴望遇到真爱，很渴望拥有约会和性生活，只是她不知道该如何主动去找男人，更不会去夜店之类的，找一夜情来填补空虚的心，因此，就这样孤单地生活了好几年。

有一天，有个外商公司的主管来和她开会，这个男人年纪不小了，长得也不帅，有点市侩气。然而，会议结束后，他们两人小聊了一下，男人顺口说她保养得很好，都没有鱼尾纹，皮肤很漂亮。

就这么一句话，莫名其妙地，她竟然就爱上了他。

从此，每天从早到晚，中间都没有休息时间，满脑子都是他，每分每秒都想着他，吃饭时也想，想得茶饭不思，工作也是丢三落四的，六神无主，连七魄都不知道跑到哪里去了。

她好几次都想打电话给他，但又怕太唐突，于是只好找借口写 E-MAIL 给他，说为了公事，想请他再来公司开一次会。

等他依约前来，她忍不住思念之情，鼓起勇气邀他一起共进晚餐，男人不愧是老江湖，早嗅到她的费洛蒙大量分泌，于是就顺水推舟，两人约会了几次，就发生了关系。

过了一阵子，男人说他老婆已经起了疑心，还跟踪他，所以两人暂时不要见面，也不要用手机联络。

然而，男人口中的暂时，似乎就等于永远的同义词。

她再也找不到男人，打电话去男人公司，才知道他亏空了公司不少钱，早就逃到国外去了。

她从此每天以泪洗面，那种心碎无依之苦，几乎让她崩溃。

如果世上真有爱神，那么她上辈子可能得罪过爱神，或欠了爱神很多钱，不然，为何爱神要如此折磨她呢？

谁知道，爱神的折磨还不只如此，某个晚上，她竟然接到他从国外打来的电话，说要和她私奔，要她带着所有财产，立刻飞到日本某处和他会合，两人从此双宿双飞。

她心里很清楚，男人只是想利用她，她这一去，可能连命都没有了。

但是，她实在是很爱很爱他，她已经深陷到十八层地狱，再也无法自拔，她甚至异想天开，想像只要飞去和他见一面就好了,不会跟他走。

只是,连她自己都无法相信这种鬼话,她无法说服自己,真的只看他一眼就走人。

她实在是太痛苦了,过去和爱神结下的梁子实在太深了,只好把这事向朋友吐露,朋友立刻通知她的家人,家人三更半夜都冲到她家里,扣住她的护照,同时也扣住她的痴心妄想,这才阻止了一场悲剧。

后来,她跟我说,爱情,是世上最甜蜜的,但也是最残忍的东西,它要来时,无声无息,你不可能防备,等到它已经深深植入内心最深处,它却说走就走,不理会你的哀嚎和伤痛,硬是把爱连根拔起,让她整个心支离破碎,像被核子弹炸过一样,没有一处是完好的,真的是生不如死。

我对她说,不是爱情残忍,而是爱上不该爱的人,才会让她没有电梯坐,直接摔入十八层地狱。

不过,话说回来,一旦爱不对人,对于这段没有好结果的爱,就算再痛,也要狠下心来,切得干干净净,否则,后患无穷。

曾经有个女性读者写信来告白,说她不小心爱上姐妹淘的老公,她深知对方也爱她,但是,她挣扎了很久后,决定自己离开,因为她觉得,如果只要她一个人痛苦,就可以避免伤害这么多人,那么,她的这个痛也是应该的,她愿意去承受。

她说,虽然失去爱人,但得到良心上的平静,她无怨无悔。

这句话说得真好。

没有结果的爱,再痛也要切掉,这不仅是一个良心上的功课,也是追求真爱的一个考验,或许,因为你的牺牲,你的清醒和勇气,将来你才会遇到同样是有良知的男人,彼此惺惺相惜。否则,现在你偷人家男友或老公,将来你的男友或老公,也会偷偷出去和别的女人约会的,那时你才会追悔莫及了。

没有结果的爱,像癌细胞,早切早超生

PART.07

烂桃花是霉运,
　　　不是你太有魅力

我的一位女性朋友,有一天兴高采烈地说,她昨天去算命,算命先生说她今年一整年会有很多桃花运,她听了咯咯地笑个不停,她说,这代表她是很有魅力的,否则,怎么会电到那么多男人?

对于这种闷骚型的花痴,我只能劝她赶快把想买的东西,痛快地去买一买,对自己好一点,把银行的钱花光,把信用卡剪掉吧!

很多女人,都搞不清楚烂桃花的杀伤力和后遗症,甚至搞不清,烂桃花和你的魅力指数没关系,反倒和你的倒霉指数有绝对关系。

很不幸的,我的这位花痴朋友,不听我的话,每天打扮得像妖精,到处对人放电,没过多久,她就在网络上认识一位帅哥(她自己说对方是帅哥),帅哥每天甜言蜜语的,把她哄得六神无主,三魂七魄也只剩一魂。

不久,帅哥把她约出去,到处吃喝玩乐,结果钱都是她付的。后来,他又说欠现任女友一笔钱,只要她帮他还掉,他就能和她每天在一起。

她毫不犹豫就把钱拿出来给他。可想而知,当他拿到钱后,从此人间蒸发,她怎么找都找不到人,感觉像是做了一场大头梦,一切都是假的,只有银行的存款减少,是真的。

我为了让她清醒,要她想想,如果是她太有魅力,为何他会消失得一干二净?连两个人的合照,都不曾有过?

她却说,她相信,他还是爱她的,只是,他有太多苦衷,而且爱有很多种,有一种是愈爱对方,就愈要懂得放手,自己把苦往肚里吞,这种伟大的爱情,她只在他身上看见。

啊!说得真好,真感人……真是无药可救。

我的另一位女性朋友,也不相信自己有烂桃花运,只相信事在人为,任何人和她有缘,只要她努力去经营,最后都能修成正果。

有一天,她在公司电梯上遇见在同一栋楼的某家清洁中介公司当业务员的男人,两人互瞄一眼聊了几句,彼此有好感,接下来几天,两人又都在坐电梯时相遇,男的就开始要电话,展开追求。

她对于这段邂逅,始终认为是自己太有魅力,才会在坐电梯短短十几秒,电到了人。

就这样,她对于自己的魅力沾沾自喜,也不去想太多,就和男人开始交往。几个月后,她接到那个男人的老婆打来的电话,说要告她妨碍家庭,要她法院见。

这时,她才知道男的早就有婚姻,他却一直声称是单身,她气得想找他理论,却找不到人。

最后,她只好拜托长辈出面处理,付了一笔钱私下和解,然后自己躲起来偷偷地疗伤。

烂桃花,是一种吸力强大的漩涡,如果没有很小心地避开,或是被卷入时,没有很强的理智和意志力,通常都要付出很惨痛的代价,身败名裂之外,还会搞得内心伤痕累累,不死也要耗掉半条命。

据说,每个人在遇到真爱之前,都要经历好几次,甚至是好几十次的烂桃花运的考验。

那些只经历几次考验的,并非长得不好看或没有魅力,而是祖上有德,前世结下的孽债也没那么多,今生比较有福报。

至于那些要被烂桃花运折磨十几次,甚至是几十次的人,当然也不是比较有魅力,只是比较歹命,业障比较重而已。

不过,根据我的观察,那些有烂桃花运的人,除了运势影响外,多半是个人想得太多,或是容易自作多情,容易对爱情有不切实际的妄想。

因此,当你有了新的邂逅,有了新的对象时,最好不要什么事都想到是自己太有魅力,应该保持理性地细心观察对方，去分析他的言行举止和想法，如此才能在第一时间辨识出，对方是不是烂桃花。

如果是，在第一时间抽身，你的伤害和损失将会是最小的，更不会搞得人财两失。

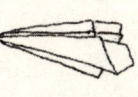

PRAT.07
烂桃花是霉运，不是你太有魅力 045

PART.08

如果韩剧编剧是上帝,
你就是韩剧女主角

人可以后悔,但不可以遗憾。

当你吻了九十九只青蛙,吻到第一百只,才发现他是王子,除非你内心真正想要的是青蛙,否则,就不能错过这个机会。

只是,我发现很多女人,都喜欢拿自己的幸福开玩笑,好不容易才找到的真命天子,却要放生做功德,苦了自己,便宜了其他女人。

或许,女人天生就是爱做遗憾的事。

据我所知,很多单身女,不是没人追,而是那些来追的人,不是委委琐琐就是獐头鼠目,搞得她实在没有情绪,当大家出去约会,吃香喝辣的,她只好在家里钩毛线或插花写书法。

表面看来,她的行情还算不错,至少都一直有人追。但她内心的寂寞和无奈,就算是她的姐妹淘,恐怕也无法真正理解。

最气人,最闷的是,好不容易打发走了一打青蛙,在家钩了几十条围巾后,终于邂逅了一个看起来不错的男人，进一步认识后，也觉得他的各方面都不错，但在关键时刻，才又发现他有一个让你无法接受的致命伤。

这个致命伤，可能是一个小小习惯或个人嗜好，例如，你到后来才发现，他其实是抽烟的，或是他很喜欢在网络上交友，虽然这不是什么罪大恶极之事，但就是刚好踩到你的死穴。

这时，你又陷入要一个人回去钩毛线，还是继续和这个踩你死穴的男人交往的两难。

想想，一个人回去钩毛线，而且已经钩了十几个月，实在很闷，但如要和他交往，时间久了，他一定会在她面前抽烟，接吻时，也会闻到他口中的烟臭味。而且，热恋期一过，他也许又上网去找女孩子，如果她真的把感情投入，到时候要把感情连根拔起，又要痛得不成人形。

根据我的观察，为了追求真爱的你，十有八九会回家继续打毛线钩围巾，剩下的一两个，可能会改去练瑜伽或养宠物。

当你按捺住满腔的欲火和热情，回家去当小龙女，像活死人般地守着韩剧，哭得死去活来，好不容易，你又等了好几个夏天，终于遇见了和你各方面都契合，而且你和他也互相来电的真命天子，你却……眼睁睁地把他推进人海中，还怪老天作弄，怪你们缘分不够深。

女人，有时想想，真的都有点自虐倾向。

即使你历经了这么久这么闷的煎熬，即使这种孤寂又无奈的苦，每天都像几千只蚂蚁在啃噬你的心，你却为了什么所谓的尊严和矜持，一直采取被动消极的姿态，对人家的追求，一直不肯给正面答案，出去约会时，也爱理不理或是不响应人家的暗示或试探。

明明对人家很动心，回到家每分每秒都想着他，但就是不愿意主动打电话给他，有时接到短信，还故意要拖好几天，假装你很忙，其实是在家里看秒表，时间到了才回一个又短又没诚意的短信。

哎！你们这些傻女人，你们内心像枯热的沙漠，干旱了好几年，好不容易天降甘霖，你们却不拿锅子或洗脸盆接水，只在意自己是否动作会太粗鲁太三八。雨下了半天，才故作优雅地拿着小汤匙，接了几口甘霖润润嘴唇，结果甘霖就此收工，你的感情世界，又回到一片干涸的沙漠。

姐妹们，缘分是一列火车，它到站了你不买票也不上车，时间到了，它就公事公办地开走了。

此外，在爱情的月台上，你是看不到火车时刻表的，别以为它是公交车，每隔几分钟就来一班，你错过这班缘分，下一班车来时，可能你已经是满口假牙的老阿妈了。

说真的，我身边就有好几个这种爱把火车当公交车的笨女人。

平时和她们见面,她们脸上都写一个"闷"字。

后来,陆续她们都有了对象,整天笑呵呵的,春风满面,但过了一阵子后,又都挤到KTV,扯破喉咙大唱疗伤情歌,还把威士忌当养乐多,又哭又醉又吐的。

可想而知,等她们清醒后一问之下,原因都是手脚太慢或太矜持,真命天子被人抢走或自动撤退,才会让她们呼天抢地捶心肝。

女人除了爱自虐外,也超爱幻想或期待有戏剧化的奇迹出现。她们完全相信那些韩剧编剧们的超烂剧情,比如男的跳河自杀,刚好女主角一定会开车经过救他一命,或者女的喝醉了半夜走在街上,男的一定会刚好擦撞到她,这类只有在连续剧才会出现的剧情,只有傻子才会相信会在现实生活中发生。但很多女人却比傻子还傻,在遇见真命天子时,不去积极把握住每一个机会,却整天关在家里等待奇迹。

例如,你不回人家的电话或短信,心里却拼命向上帝或什么菩萨之类的,求他们替你回讯给对方,或者期待对方再多打几次电话或短信,你就可以理直气壮地接电话或回短信。

或者,人家向你告白,或非常明显地暗示你,想照顾你一辈子,想养你的宠物一辈子,或是邀你一起坐在中介公司前面,把房子钥匙交给你之类的,而你不明确回答,也不直接拒绝,让人家一直傻傻地等,傻傻地东猜西猜,你却一直祈求上帝,让他的眼皮跳三下,要他用心电感应猜出那三下是"我愿意"的意思,或是想请土地公托梦给他,让他知道你的心意。

不然,就是你委婉回绝了人家,或告诉人家先做朋友,然后,才又每天在脑子里编一些超烂的剧情。例如,你一个人去看电影,在漆黑的电影院中,你发现他刚好也一个人去看电影,而且就是那么刚好,他就坐在你旁边,或者,在车水马龙的街道,他刚好开车撞到你。

拜托!每天街上车子那么多,他偏偏要撞到你,这个几率可能比你中乐透头奖还小,除非你故意埋伏在街上被他撞。

当然了,如果你和他真的就像韩剧那样,在命运安排下在街上撞到,那么,这真的是你们太有缘了,应该马上就去结婚。

话说回来,如果那些韩剧的编剧们不是上帝的话,你就应该清醒过来,靠自己的手去发短信,靠自己的嘴巴去跟对方说,靠自己的脚走向对方,你的幸福,才会真真实实地在你人生中出现。

总之,人的一生中,真正的好姻缘并不是每天都有,每个人可用的额度也都差不多,千万别指望你祖上有德或是常扶老婆婆过马路,姻缘额度就会比人家多一点。

当缘分来了，当真命天子出现了，你应该积极响应，甚至鼓起勇气向对方告白。毕竟，人生是你自己的，幸福也是你自己的，别管什么面子和尊严，也别管别人的眼光或嘴巴。缘分是你自己要去把握的，而不是为了别人的想法，而错过自己的幸福列车。

就算告白被拒，就算会难堪受伤，但至少你试过，没有错过，人生不会有遗憾，否则对方因为不知你的心意，两人的生命轨迹就此交错，开始朝不同方向离去，这才是人生最大的悔恨。

老实说，我也知道，要你们一下子就抛掉尊严和矜持，是很不容易的。不过，下次遇到真命天子时，最好想想，那些超烂的韩剧编剧们，是不是上帝？

如果他们不是，不能帮你安排跟韩剧里一样的邂逅和奇迹，那么，你最好靠自己吧！

PRAT.08
如果韩剧编剧是上帝，你就是韩剧女主角　053

PART.09

好命女的幸福秘诀，
只有三个字

如果你没有像我一样，把自己和人性看得很清楚，你就永远搞不清楚，为何自己总是歹命苦命，感情风波不断，拼到只剩半条命，还是情路坎坷。

就像我家的小不点一样，当它趁我不注意，又溜到沙发上偷偷撒尿的时候，它永远不会想到，东窗事发后，它又要被我修理惩罚。

同样的，很多女人老是抱怨自己歹命，却都不会回想，当初自己爱上不该爱的人，当你们享受甜蜜爽快时，为何不会想到日后必然会有悲剧和灾祸发生，等到惨剧一发不可收拾时，却又只会怪土地公或是月下老人，反正爽是爽到自己，有错却都推给老天爷，如果真有老天爷或月下老人，他们也一定不会让这些女人好过的。

我常说，感情的经营，就像健康的管理一样，如果你每天熬夜又吃宵夜，宵夜又常吃油炸的，长期下来你的甘油三酯和胆固醇一定升高，可想而知，你的肝肾脾和心脏，也会跟着出问题。

不幸的是，我常劝许多女性朋友，说她谈感情的心态不对，提醒她不应该选择那些网上男虫，但她们都听不进去，还嫌我像老妈子一样啰嗦，就这样，自欺欺人地吃下一堆油炸物，而且每天熬夜，等到她们内在的不安和不甘，多到超出她们的极限，才像火山一样爆发。

结果，就算你跳楼割腕，那些没有良心，根本不是真心爱你的人渣，也不可能回到你身边。

话说回来，他们不回到你身边，还算你运气好，否则，又回来再三纠缠，要钱要人甚至要你的命，那你真的是永无翻身之日了。

当这些歹命女看见那些好命女，每天快快乐乐，沉浸在幸福和甜蜜中，嫉妒得快要疯狂，恨不得冲上去横刀夺爱。

后来，她们终于认命，跑来问我，到底好命女会好命，有什么诀窍？

这个时候，我总要静默几分钟，然后才语重心长地告诉她们，其实，那些好命女，论家世、外貌、身材，都不会比她们强，但是，好命女深知外貌这些外在条件，都不是最重要的。

好命女知道，想要拥有让女人安心寄托的稳定感情和归宿，秘诀只有三个字，那就是：

"值得爱"。

好命女之所以好命，之所以拥有幸福的感情归宿，关键就在于，她们选择去爱"值得爱"的好男人，而不是凭感觉去爱"你想爱"的男人。

这个"值得爱"和"你想爱"之间的小小差别，就决定了你幸福和好命与否，决定了你付出很多很多的感情和努力后，结局是到达天堂或是坠入地狱。

这个道理，很多歹命女都想不通。

那些歹命女，总以为好命女的感情路，都是一帆风顺，不会遇人不淑。

哎！没有智慧，没有自知之明的歹命女，从来不知道，当她们爱上不该爱的人而不可自拔，拼命找一堆的理由，来说服自己不管三七二十一都要去爱这个人时，好命女却是忍着孤独和煎熬，坚决不爱"不值得爱"的人，同时勇敢地吞下孤独寂寞，耐心等候，最后才等到"值得爱"的真命天子，才能有好命的幸福结局。

说到歹命女，我妈就是一个活生生的例子。

我常跟朋友说，我年少时命很苦，三岁就要抛头露面，出来卖火柴，四岁卖口香糖，五岁卖爱国奖券，六岁就要会察言观色，乞求邻居把不要的剩饭剩菜给我吃。

此外，我的童年不是被车撞，就是病痛缠身，孤单无依，尝尽人间冷暖。

我记得七岁时，有一次我病得很重，奄奄一息地被抬到客厅，我依稀听到邻居对我妈说，需要准备一副棺材了。

后来命大没有死,细节就不谈了,重要的是,我的童年,之所以像弃儿一样,是因为,我妈妈爱上了一个不负责任的男人,却又离不开他,两人形影不离,每天不知都在忙什么,根本没时间管我,当然了,那个男人是我父亲,只是我长这么大,和他的对话,恐怕不超过十句。

等我长大成人了,我母亲终于和父亲划清界线,再无纠葛。但母亲每次来找我,都会破口大骂父亲,如何如何在外欠债,然后自己躲起来,让她背债还债,不然就是父亲如何糟踏她,偷偷用她的名义去申请支票,乱开一通之后,也不关心她的死活,对她冷嘲热讽,甚至把她当垃圾,连看都不看一眼。

就这样,母亲咒骂父亲的台词,差不多有五十几分钟的长度,而且同样的台词,她可以重复说三百多遍,她每次一想起我父亲,又是咬牙切齿,又是热泪盈眶,还说恨不得亲手了结他,否则无法平息心头之恨。

由此可知,我母亲对父亲的怨恨,也可看出,父亲对母亲的伤害有多深,更惨的是,因为父亲的关系,家不像家,我们做孩子的,也因为母亲当初遇人不淑,搞得贫病交迫,内心创伤一堆,差点连命都保不住,到现在身上还有一堆病,都是童年时生病留下的后遗症。

或许,你从来没想过,光是"值得爱"三个字,就可以让你拥有可靠又负责的伴侣,拥有幸福家庭,拥有健康快乐的小孩。

相对的,少了这三个字,或是忽略这三个字,你的下场,你的一生,就有可能会和我母亲一样,而你的孩子,也会像我一样,三岁就要卖火柴,四岁卖口香糖,五岁卖爱国奖券,六岁就要学会察言观色……当然,我也认为我母亲是可怜,值得同情的,因为,她年轻时,没有遇到像我这样的人,来告诉她哪些男人不能爱,以及想好命就要懂"值得爱"三字诀之类的箴言。

相比之下,你们是有福气的。

只是,该说的我都说了,你们要固执,要一意孤行,地狱的门还是会为你而开的。

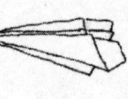

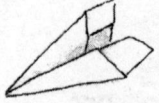

总有一天我会遇见你 | 060
ONE DAY I WILL MEET YOU

PART.10

爱要自然,不要靠太多伎俩

寂寞的女人，十有八九都经不起寂寞的考验，而非男人的苦苦追求。

我有好几个单身女性朋友，没事常抱怨现在的男友，和她根本不来电，有时更是鸡同鸭讲，真是没趣。

这话听来让人纳闷，如果真不喜欢人家，为何又答应和人家交往？

她们的口径一致，都说是对方死缠烂打，攻势猛烈，本来她们也不想的，但是看他们这么有诚意，才勉强答应的。

根据我的观察，很多单身女，平时很会唱高调，说什么身高不到一米八的半残男，她们是看不上眼的，她们宁缺勿滥，也不要降价大甩卖。

说的像唱歌一样好听，后来有个半残男死缠烂打地苦追她，清晨在她家门口送早餐，傍晚在公司楼下接她，晚上拼命打手机和她聊天，逢年过节不仅送她礼物，连她家的小狗也有金项链。

结果，不到一个月，还不是跟人家好上了。

虽然她们表面上是说被半残男的诚意感动,但私底下她们自己承认,单身日子过久了,真的是很闷,看着朋友情侣聚会或派对,一场接一场地玩,自己不但去不了,连很多餐厅和电影院也都不敢一个人去,好不容易有一个不怕死的傻瓜愿意主动当司机付账单,何乐而不为?

就这样,她们吃了人家的,又拿了人家的,然后背地里又嫌人家丑或个子矮,真不知道她们是怎么想的。

那些愈是强调宁缺勿滥的单身女,只要有人追,就愈无法坚守城池。

再者,很多女人都有一个很糟糕的念头,总认为,男人就是要死皮赖脸地猛追狂追,这样子女人才有面子,才能接受他的爱。

老实说,我觉得那不是真的爱情,好像只是一对幼儿园都没毕业的小男孩小女孩,在玩家家酒的游戏而已。

我一直认为,男女之间的爱苗滋长,应该是很自然的事,两个人看对眼,彼此心意相通,自然就会在一起,根本就不需要那么多复杂的恋爱伎俩或约会秘笈,甚至无中生有地故意制造很烂的搭讪话题,把应该是自然美的爱,变成很人工化的行为设计和战术战略,把别人当成猎物。

尤其是那些每天送早餐接下班买宵夜,像奴才服侍老佛爷般的伎俩,或把心仪女孩的名字刺在身上,还有人为了证明自己的爱意，就去骑车狂飙，女生不答应他就不踩煞车，一路撞到底……这些根本就是疯子或中邪的行径，不自然也不正常。

说真的，我从小到大，交过那么多女朋友，感情都是自然而然发生的，根本不需要要什么手段和伎俩。

当然了，如果只是我自作多情或人家一厢情愿喜欢我的单向直流电，一方很热，另一方像棒冰，那就是缘不够深，凡事不要勉强。

但是，如果双方都是交流电，彼此被电到，两人像干柴烈火，一触即发，大火连烧三百天，根本就不需要什么搭讪话术或约会秘笈。

爱，唯有自然的来，才有可能自然地走下去，长长久久地。

否则，你想一想，男人在追你时，每天送早餐接下班买宵夜的，根本就无法工作，也没有自己的时间，每天累得像狗一样，日后两人真的在一起了，他怎么可能还是每天这样，像是马戏团的小丑一样，绕着你团团转？

一旦他追上你，不用一个月，他就又累又腻，打回原形，搞不好每天都找不到人，还说什么送早餐接下班买宵夜的，我看不给你一张臭脸就阿弥陀佛了。

根据我的观察，那些追求时献殷勤到不正常的男人，都有共通的现象，那就像是股市的"高开低走"的指数，刚开始很投入,后面就利空出尽,一泄千里,通常不到几个月,男人就会因为指数太低,日子太平淡,又开始去追另一波高点,而把你打进垃圾股,永世不得翻身。

相对的,有些男人长得不起眼,不是很高很帅,但很诚恳很有耐心,愿意用时间来证明对你的爱,这样的男人反而会带给你"低开高走",后势愈来愈旺的上升指数,对你的感情也会细水长流,可说是一支绩优股。

所以说,如果你只是想追求激情的快感,那么,你选择"高开低走"的无情男,喜欢享受那种坐云霄飞车的乐趣,不怕一身都是伤,我也没意见。

话说回来,如果你想要的是一个稳定的关系,那么,你不妨降低自己的择偶标准,不要只挑又高又帅的夜店男或模特男,更不要随便接受人家猛烈攻势的求爱,尤其不能把同情当爱情,就因为他在下雨天买了茶叶蛋和你爱吃的点心,在你家楼下站了一整晚。等到隔天清晨,你发现他手中的蛋和点心已烂得不成形,就哭着跑出去抱住他,两人流着泪一起吃不成样的蛋和点心,从此开始一段没完没了的孽缘。

女人,很容易心软,也很容易把同情和爱情搞混。

切记,不管对方的表演多感人,没有感觉的爱,就不要勉强接受,更不能为了排遣寂寞或想参加派对,就玩弄人家和自己的感情。

不然，你去翻翻报纸，每天都有一堆情杀或感情纠纷的案例，有很多就是这种，不爱人家又接受人家的追求，等到对方从鸡肋变成鸡骨头时，才想把对方甩掉，可想而知，人家对你付出那么多，到最后真心换绝情，当然会抓狂，要和你同归于尽。

再者，你为了排遣寂寞和人家在一起，万一你的真命天子后来才出现，人家也不想和你玩三人行，或者不想破坏你的恋情，你一时之间又甩不开鸡肋情人，那么，你只好流着泪，眼睁睁看着你的菜，被别的女人端起来，一口一口地吞下去。

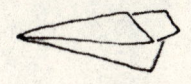

PRAT.10
爱要自然，不要靠太多伎俩　067

PART.11

让你动心的，
　　　不见得就是真命天子

自从我把男人分成"人贼虫兽鬼"五类,很多女性读者写信来,说这样的分类,让她们避开了很多地雷和火坑,但同时,也造成了某些女性读者很大的困扰。

我说过,好命女和歹命女差别在于,好命女选择值得爱的人,歹命女则是选择想爱的人。

然而,知道是一回事,真正可以做到的,就像中乐透的人一样少。

有位女性读者,来信说她知道一位男同事是专门骗女人财色的男虫,她从心底里看不起他,但爱神和命运之神,总是喜欢捉弄人,她不知不觉地,还是迷上了这位男虫,她爱上了他的幽默,他的贴心和他的帅气。

然而,在她深深迷恋他的同时,内心却又涌起了排山倒海的罪恶感和不安。

她听了太多这位男虫骗财骗色的故事,她知道,如果她真的跌进这个深渊,她一定会生不如死,除了把存款都拿出来供奉给他,他把她吃干抹净后,一脚把她当成垃圾踢开的那种苦,她想到就毛骨悚然。

就这样,她内心有两股很强的力量在拉扯,在冲突着。

她说自己就像疯子一样,上一秒决定要忘掉他,下一秒又觉得离不开他,看不到他真的会死。

她问我,到底要怎么办?

老实说,这种爱上不该爱的人,必须狠下心去挖掉心头肉,而且是要连根拔起,真的是很痛很苦的事。

但不值得爱的男人,就像癌细胞一样,只要是对你有害的,再痛再不忍心,也要狠下心来切割,否则后患无穷,而且会像我妈一样,危害到整个家庭及下一代。

我自己也曾爱上一个不该爱的女人,那是一个朋友的女友,同样的,也是一个我第一眼就有点看不起的女人,因为她的谈吐,她的轻佻和自欺欺人,尤其,当她背着男友,偷偷约我时,我真想破口大骂她,说我才不是那种喜欢介入人家感情,让她享受劈腿乐趣的男人。

然而,这种正义凛然的大话,却只是想想。她之所以敢这么大胆地偷吃,也有她的魅力和手腕。

当我一再地暗示,有点看不起她,不认同她的这种偷吃行为时,她却摆出低姿态地逆来顺受,轻声地诉说她的心事和过往,还不经意地提到,她男友对她不是很好,不知不觉地,我好像开始同情她,最后竟然掉入她的盘丝洞,像中邪一样地爱上了她。

那一阵子,我一整天,从早到晚都会想起她,而且脑子里有一股很强的驱动力,逼我打电话找她,或者冲到她面前,跪下来请她把我当奴才,让我伺奉她一辈子。

然而,我自己很清楚,这只是一种妄想,这是没有结果的爱,因为,我和她个性不契合,兴趣也不相同,对于爱情的价值观和认知也不一样,就算彼此不会长久,只是玩一玩,也会玩出不幸来。

每天报纸上都有这类三角关系没有搞好,为了情人争风吃醋杀人或是自杀的新闻,这些人,当初都是太高估自己,太低估人性,以为大家情投意合玩玩没关系,才会玩火玩到自焚或和人同归于尽。

然而,爱情是没有理智的,那时候,我满脑子都在想那个人,想得六神无主的,工作失误不断,生活乱成一团,不是钥匙丢了,就是手机又忘在哪个咖啡厅,不然就是没带皮包出门。

老实说,我如果是刚步入社会的年轻人,可能会抵挡不住这种煎熬,冲到那个女人面前跪下告白。

但我已见过大风大浪,早就是船长的身份了,虽然偶尔有超级台风来,难免晕船,但不会一晕船就跳海,葬送自己一生。

因此，每次遇到这种要割掉癌细胞的煎熬，我就当做是感染了流感，让自己好好休息，多做运动，或是到外地度假，以前要一个月，现在只要两个礼拜，快的一个礼拜就痊愈了。

所以说，爱上不该爱的人，并非死路一条，反而是对你的意志力的考验。

然而，决定意志力强弱的，就在于你是否真的想通了，真的看清楚自己到底要什么。

其实，不管什么女孩，美的，丑的，胖的，瘦的，在遇到真命天子之前，都会遇到一堆命中不属于你的人来考验你。

另外，也有很多女孩子深信，会让自己动心的，就是真命天子。

事实是，那些会让你动心的男人，不见得就是你的真命天子。

不幸的是，有太多女人都搞不清楚这个事实，才会被人欺骗，像我妈就是其中一个，那些没良心的男人，当初也是让她们超级动心的对象。

总之，只要你搞懂这些道理，然后不要固执，该切的就切，该痛的就痛，你才有机会遇见生命中的真命天子，拿到进入幸福乐园的门票。

否则，你的青春和心血，都浪费在那些不该爱的人身上,等你老了,只能像垃圾般被没良心的人渣丢在路上,晚景凄凉。

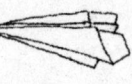

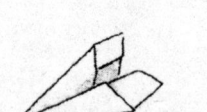

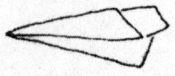

总有一天 | **074**
我会遇见你 | ONE DAY
　　　　　　 I WILL MEET YOU

PART.12

败给孤单的人，
　　　没有资格谈尊严

我曾在书中，举一个婚介所老板娘教女性同胞如何勇敢地追求幸福的例子，用意是想告诉姐姐妹妹们，幸福，有时是需要主动和勇气的，甚至要放下身段，再加一点用心和贴心，才能拥有。

只是，书出版后没多久，就收到不少女性读者写信来骂我，说我根本是教大家轻贱自己，甚至是去"乞求"男人施舍爱，成为男人的奴隶，她们都说，自己如果要这样子没尊严，宁可不要男人爱。

老实说，我很欣赏她们那种很有气魄的决心和口气，只是，我再回信去问，才知道这些女人，都有幸福美满的恋情，有个疼爱她们的男友或老公。

人性就是这样，饱汉不知饿汉饥，那些看不起别人放低身段向人乞求爱的人，通常都是运气超好，每天吃得饱饱的好命人啊！

各位有饭吃有人爱的姐妹们，要知道，世上并不是每个女人，都有这么好的运气，能有好男人来爱。

有很多女人，并非长得不好看，也不是个性不好，只是际遇或运气比较差，一直遇不到好男人。

爱情和幸福这种事，本来多少都要靠运气，就像打麻将一样，或许，你手气好一起牌就听牌，甚至手气好到一起牌就胡牌。

但大多数的人，都是起牌很不好，只能靠不停进牌来转换劣势，靠后天的努力来急起直追。这时候，你们却笑人家吃牌碰牌是不要脸，乞求别人的施舍，岂不是得了便宜又卖乖，太没良心了啊？

当然，我也看过有些女人，因为自己条件不好，低声下气，甚至逆来顺受地努力维持感情和婚姻。

然而，不管她们这样做的结果是如何，至少，我会将心比心，去认同和肯定她们为了感情和幸福，所付出的努力和勇气。

或许你们吃惯山珍海味，就耻笑那些吃路边摊的人，甚至想不通，他们为何不去那些有情调的餐厅吃饭。

如果你们想知道为什么，很简单，只要三天不让你吃东西，你不也一样，哪管情调不情调，看见吃的，就像饿鬼一样抢着吃？

同样的道理，在感情的世界里，有人吃得太饱，也有人饿到想去翻垃圾筒。

当你饿到不成人形，只剩一口气时，看到人家好心请你吃便当，如果你还死要面子，那么，你注定饿死街头。

如果你从心底里非常享受单身的日子，不希望有人陪伴，不希望有人碍手碍脚的，那么，你可以很有风度地拒绝男人的追求。

然而，如果你是彻底败给孤单的人，败给寂寞的人，那么，为了追求爱情和感情上的寄托，你根本没有资格谈尊严。

当你有机会认识新朋友，你没有资格再摆架子和臭脸，好像人家欠你的钱，或者是生下来就要来当你的奴才似的。

相反的，为了拓展生活圈，你应该更主动更大方，去参加各种社团，用微笑去交朋友，用贴心去留住朋友，如此，你才有可能在朋友圈中，遇见有缘人，和你共谱恋曲。

我的一位女性朋友，脾气很差，我们这些朋友，只要做事说话稍不顺她的心意，就会被她骂到差点得忧郁症。

后来，听说她有整整一年半，都是一个人窝在家里，没有朋友找她出去玩或吃饭，也没有朋友和她在网络上聊天。

讽刺的是，最后是她得了忧郁症闹自杀，我们这班朋友才厚着脸皮去医院探望她。

所以说，如果你现在有男人疼，有男人爱，也不用太高兴，如果你不懂得调整自己的面子和尊严的参数，吵架时总是一定要占上风，吵架后还要男人跪着喝三天三夜西北风，要知道，风水轮流转，早晚换你变成孤单寂寞女。

到时候，你就会知道，为何有些女人会心甘情愿放下身段，去"乞求"人家的爱。

话说回来，如果你现在单身，甚至单身已久，千万不要再有那种孤傲心态，把面子和尊严摆第一。

你应该真正打开心房，不要先入为主，把人家当敌人或奴才。

要知道，你是人生父母养的，人家也是，你要尊严和面子，人家也是。

如果你可以调低面子的参数，不要那么刻板和吹毛求疵，那么，人家也可以和你没有压力地有来有往，彼此才能交心，有内在的感情连结。

更重要的是，如果你在感情世界已经饥渴太久了，千万不要再自欺欺人，每天替自己洗脑，说什么你不需要男人和感情。

如果你想真正脱离饥渴状态，第一步就是要先承认自己是饥渴的。如此，你才会有勇气和动力，去追求自己的幸福。

老实说，就算真的放下身段，就算是乞求来的，也没有什么好可耻的。毕竟，人生际遇总是有起伏高低，过去有可能你年轻无知，才会把牛排、鲍翅和人参鸡往外推或丢到垃圾筒。

现在你需要补充营养，慢慢让自己恢复体力和魅力，在感情路上重新出发，人生失而复得，滋味反而更甜美。

至于，有人笑你没有尊严，像乞丐一样求男人施舍爱情，这些伤人的话，你完全用不着理会，或者，你可以转个念，当做是激励你的针砭，提醒自己不要再重蹈覆辙，千万不要因为人家的讥讽，就自暴自弃，把自己的人生，彻底地丢入垃圾筒，永远无法再回收，无法东山再起。

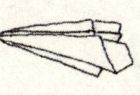

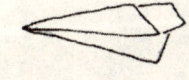

PRAT.12
败给孤单的人，没有资格谈尊严

PART.13

当你习惯孤单,
　　　　就会失去恋爱的能力

当你习惯一个人去餐厅吃饭，一个人去看电影或去KTV唱歌，除非你是真心享受这种没人妨碍的单身生活，否则，你的习惯孤单，可能会阻碍你再去谈感情，甚至害你丢掉一段好姻缘。

惯性，是很可怕的东西。

很多女人，刚失恋或刚进入单身状态时，每天都很苦，像是挣扎着不要从十七层地狱，掉到十八层一样，度秒如日，一心一意只想回到地面，过着和以前同样的生活。

但日子一久，即使身处地狱，也会习惯刀山油锅的折磨。渐渐地，那些你害怕的，不敢面对的孤单和寂寞，变成你生活的全部，一个人独立、坚强地做任何事，似乎也成为一种理所当然。

如果你是个追求独立自由的女人，习惯孤单，这是一件好事。

但最怕的是，你骨子里的灵魂渴望爱情和被人呵护，你却在骨子外逼自己去习惯那个没有爱，没有人呵护的地狱。

你是否想过，为何经常内心想往有爱的右方走，实际上却是往孤单的左方沦陷下去呢？

答案不外乎是伤痛、尊严和恐惧。

当你习惯孤单，你会下意识地找出很多关于孤单的好处，也就是孤单的正面列表，像是：

◎ 再也不用受伤害。

◎ 再也不用被人管，自己爱做什么，就做什么。

◎ 再也不用看人脸色，乞求人家施舍爱。

◎ 再也不用害怕被背叛，不用提心吊胆度日。

如果你一直用这些孤单的好处，替自己洗脑，就算某一天有机会认识新的朋友或恋爱对象，你也会因为想太多，怕对方是不真心的，怕对方是爱上你的外表或钱财，怕对方的家庭太复杂或有债务……最后，还没和对方开始之前，你就先崩溃了，你自己凭良心想想，你这样神经质，有哪个正常人会想和你交往？

当然了，下场就是，你终于又回到熟悉且安全的壳，那个名叫孤单的壳。

因为，要重新拥有爱情，需要的考验和风险太多，相较之下，回到孤单，是完全没有阻力和风险的，如此一推一拉，你就永远逃不出那个像囚牢般，空荡荡的壳。

我有个女性朋友，说她有一阵子一个人自我封闭，完全没有和朋友联络，她说，那阵子，她特别注意健康，尤其是每天要准时吃维他命和运动，因为，她不能生病，万一她生病了，一个人倒在家里，没有人发现，她不敢想象后果。

或者，她有能力打 999 被送进医院，她也不想一个人孤零零地躺在病房，那种挂号拿药付账或去照 X 光，都要自己来，那种没有人陪，没有人帮的困窘，比死还痛苦。

后来，她真的体悟到我说的，人活在世上，必须要和别人有亲密的连结，而不是只有一起唱歌吃饭的社交连结，必须要有那种内心有很深很亲密的感情连结，高兴时可以一起分享，病痛低潮时，可以陪伴在身边的亲密爱人，人生才算是圆满，灵魂才能安定下来。

只是，她真的不知道要如何去爱一个人？又要如何和人建立起那种亲密的感情连结？

因为，她实在孤单太久，她的生活模式和思考模式，包括休闲和点餐时，都习惯用一个人的孤单模式，去做出决策，忘了别人的需求。

我高中同学的姐姐，离婚十几年，一个女人千辛万苦，才把儿子抚养长大，送他出国留学，亲朋好友怕她一个人太孤单，为她安排了好几场相亲，好不容易找到一个各方面都很契合的男人，两个人交往了几个月，正要论及婚嫁时，她却临时变卦。

大家都以为她脑子进水了,她却说,原因很简单,前一阵子她和男友一起出去旅行,好几个晚上她根本都睡不好,因为,她实在是太久没有和别人一起睡觉了,突然间身边躺一个人,她实在是不习惯,她一想到结婚后要每天和他睡在一起,就感到恐慌,不如还是一个人比较自在。

据说,她刚离婚时,每天都睡不着,因为不习惯一个人睡,不习惯没有人抱着她睡,不习惯耳边没有男人的打呼声。

然而,离婚十几年,却强迫自己习惯一个人睡,最后却因为睡觉的习惯,结束了一段可能的恋情和婚姻。

人,就是这么一个容易被习惯绑架的囚犯。

因此,当你预期要单身一阵子,或是已经单身很久,切记不要让许多孤单模式,渗入你的生活,甚至主宰你的生活。

不论你多么热爱孤单,初一、十五,有空的话,就多找朋友一起吃饭唱歌或外出踏青吧!不然,打打麻将或是去玩卡丁车也好,千万不要一个人去钓鱼或登山。

至少,你不会忘记那种和人互动交流的感觉,将来有机会再回到两人世界时,才不会因为适应不了,而平白赔上得来不易的姻缘。

PRAT.13
当你习惯孤单,就会失去恋爱的能力　087

PART.14

要幸福,就先找出你的
"好命关键词"

很多女人，对于自己要的幸福是什么，常常都搞不清楚，就像不知道自己脚的尺寸，就去买一些最新流行的鞋子，买回来了穿到脚痛或起泡，才打入仓库冷藏或拿去网拍。

像这样的女人，只要看到人家嫁给小开，自己就开始妄想，将来也要嫁给小开当贵妇，看到人家嫁给医生，嫁给大企业家或艺人，就忘了自己是谁，每天活在不切实际的梦幻中。

每个人，都有自己的特质和独特性，当然要找属于你的独特幸福，就像你不可能适合穿所有最新款的新衣，也不可能适合穿所有的鞋子一样，你应该先找准自己喜欢的类型和风格，才能在茫茫人海中，找到那个最适合你，那个独一无二的真命天子。

同样的，对于好命和幸福，每个女人的定义和需求也不同。

例如，人家嫁给小开，如果可以很幸福，是她懂得放下身段，讨好侯门深似海里每个难搞的成员，包括他们家里的狗或猫，而且可以逆来顺受，耐得住寂寞，心甘情愿地遵守好几百条的家规,她的贵妇饭碗,才能捧得稳。

如果你没有这种能耐,甚至无法在这种生活中找到乐趣,那么,请你别妄想要嫁给小开。

同理可证,人家嫁给医生、企业家、蓝眼珠的帅哥或大明星,如果人家可以有幸福,那也必然是符合她们的需求和特质,否则,即使嫁得再好,对方再帅再有钱,最终还是要以离婚来收场,收得不好的,可能还要被登上八卦杂志,三天两头跑法院,让人家看笑话。

很不幸的,我认识的许多女性朋友,对于到底什么才是适合她的幸福,完全没概念,我想,这种幸福低能儿,应该不只是我身边的那些女人。

其实,一个女人要拥有幸福,真的不难,但前提是,你要先搞清楚,你要的真命天子,是否具有你内心超级渴求的一个"好命关键词";相对的,这个"好命关键词",也是让你堕入十八层地狱的死穴。

例如,你从小到大,最怕被人家欺骗和背叛,即使是你心爱的小狗,看到路人就扑到人家怀里,也会让你得忧郁症,那么,你的"好命关键词"就是"忠诚"。

如果你要的是忠诚,那你就别找太帅太花心的,因为,即使对方再贴心或顾家,一旦他偷吃或说谎,你就永远不会感到幸福。

同理可证,如果你从小穷怕了,经常有一餐没一餐的,最怕房东上门讨房租,或是只要有人来收水电费,你就吓得快崩溃,那么你的"好命关键词"就是"安全感"。

这时,你就要找会顾家,工作稳定,不会让你没钱缴房租和水电费的踏实男人。至于,他是否会说点小谎,感情偶尔开小差,你就不会那么在意,和安全感比起来,你会觉得那是芝麻小事,只要他把家顾好,给你安全感,你还是会感到幸福。

再者,如果你最渴求的是浪漫,生活里没有浪漫和情趣,你就会像一条被养在没有水的鱼缸内的金鱼一样,内心会干枯而死,那么,另一半的外表和感觉就对你就很重要,他必须要懂得浪漫和品味。但相对的,你被劈腿的几率就高,因为,这样的男人,和你一样都活在梦里面,很容易就搞不清现实和梦境的差别。

此外,也有些女人特别渴求男人要有责任感,不管人生有什么挫折和困顿,她要的男人,都应该能勇敢承担,负起照顾她的责任,而不是一遇到麻烦事,就把她推到外面去当炮灰。

像这样的女人,就一定要找有担当的大男人,千万不能找没肩膀的小男人,否则,就算这小男人再贴心再浪漫,也永远不能让你感到幸福。

依此类推,如果你从小就比较内向,你渴望有快乐的伴侣,那么,你就千万别找忧郁酷男,否则,他愈酷,你就愈郁闷。

幸福,是个主观的感受。

这世上有多少种女人,就有多少种幸福。所谓的幸福和真命天子,并非只有一种标准和尺寸,也并非人家的尺度,你就要照单全收。

所以,每个人都有属于自己的"好命关键词",这也是决定你幸福与否的关键密码。

从现在开始,要谈恋爱之前,就先搞清自己的死穴和渴求吧!毕竟,你的青春有限,再也没有多余的青春和荷尔蒙,让你乱枪打鸟,要开枪前,还是先锁定目标,才能百发百中。

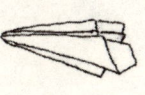

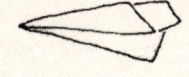

PRAT.14
要幸福，就先找出你的"好命关键词"

PART.15

三个秘诀,检测他到底
　　值不值得你托付一生?

很多人都说，女人的化妆品和广告，都是用来骗人的。因此，很多长辈经常告诫我，千万别相信结婚前女人的那些温柔体贴，一定要相处一段时间，才能看出，她们在我面前的嗲声娇嗔，是有时间限制的化妆品，等到她们卸妆，她们跷着二郎腿粗声霸气地骂她们父母兄弟的凶狠模样，才会像女人的素颜一样，让我看清她们的真面目。

话说回来，会伪装和骗人的，不只是女人，男人也是个中高手，尤其是愈帅愈有行情的，演技就愈好，而且他们戴假面具的时限，比女人的化妆品还长。

我就曾听说，有个小男人为了娶到自己的女主管，可以伪装成有肩膀的好男人，长达十八个月，都没有任何破绽，直到结婚后一个月，他才摆明不想工作，只想每天在家里玩电动游戏，女主管只好出去赚钱养他。

这种被男虫生吞的惨事，如果是发生在刚出社会的年轻妹妹，也不会惨到哪里去，一来年轻妹妹没钱，二来年轻妹妹抵抗力强，复原力快。

然而，对于年纪不小，且事业有成或是身上有不少存款的女性来说,实在经不起男虫的吸精拆骨,尤其上了年纪的女性,踩到男虫或男贼地雷,就算不被炸得粉身碎骨,自己也会全身骨折,一辈子只能瘫在病床。

因此,有一堆年纪不小的女性读者,写信来骂我,说我老是在靴子外搔痒,只说什么男虫男贼不要交,却一直不说,如何才能看出对方是披着好男人皮的虫贼鬼兽,根本是没良心的假慈悲。

好啦,现在,我就独家揭露,我二十几年来观察归纳出的,测试他是否真心爱你,是否值得你托付终生的三个秘诀。

第一个秘诀,就是常和他出去吃饭。

不管你和他已经是男女朋友,或者是才刚认识,在暧昧期或热恋期,都可以从和他不断吃饭的过程,看出他的内心在想什么。

例如,你可以记录下来,你们几个月下来吃饭的地点有什么变化。刚开始在一起的甜蜜期,男人都会带你去吃高档有气氛的美食,但随着吃饭次数增加,随着你们感情的稳定度提高,男人多半会把吃饭的地点,从高档餐厅降为家庭式餐馆,最后变成夜市和路边摊。

此外,每次吃饭消费的金额,你也可以偷偷做个纪录。

如果,交往一段时间后,他根本就懒得花钱和花心思,再带你去高档美食餐厅,或者每逢情人节或你的生日,他也想用麦当劳的儿童区蛋糕来打发你,那么,就代表他只是想找个不会花钱不会吵他的女伴,根本不注重生活品味和情趣,如果你真的和他结婚,恐怕他连麦当劳的儿童区,都不会带你去。

这样的男人,不是不值得托付,只是真心爱你的诚意和深度不够,一旦婚后遇到什么天灾人祸的考验,他很容易就落跑。

如果他始终如一,交往一段时间,还会想去吃美食,代表他是有品味懂得生活情趣的。

每逢节日或重大日子,他也愿意为你精心策划一个浪漫晚餐,这也代表他心中真的有你,而且是把你放在心中最重要的位置。

至于一开始交往,就带你去吃很不健康又不卫生的路边卤肉饭或自助餐的男人,除非你真的想拥有三高(高血脂、高血糖、高血压),否则,还是再找别的有心人吧!

第二个秘诀,就是生病时找他来照顾你。

这一招,想必大家都知道,就是为了测那五个字,"患难见真情",是否在他身上可以适用。

所以说,不管是感冒、肠胃不适或得了H1N1,都要找他来关心一下,趁此观察他的反应和神情。

我有个女性朋友,本来和男友很恩爱,但是她住了两次院后，她就决定和他分手，第一次住院是食物中毒，第二次是去做掉他留下来的娃娃，这个没良心的人渣，竟然一次都没去看她，还编了一大堆理由，甚至撒谎说自己因为要赶到医院，太心急也发生车祸住院了。

当她做掉娃娃，在病房吐得死去活来，身边都没有人照顾她安慰她时，她这才看清，这个男人根本没把她放在心上。

此外，你还可以记录他来医院看你的次数和时间，以及他留在你旁边照顾你的时间有多长，就可以判断出，他真心爱你的程度。

第三个秘诀，就是多安排你家人及亲戚朋友来，办很多家庭聚会，安排一些冗长又枯燥的仪式和节目，最好再找一些很难搞，很难相处的亲戚或长辈，来给他出难题，看他是否愿意为了你，而心甘情愿去和这些亲友相处。

根据我的观察，很多女人比较爱对方时，都会尽量避开这种男友不喜欢出席的家庭聚会或无聊派对。

老实说，这是超级笨的女人才会做的事。

要知道，一个男人到底爱你多深，是否真心，是否真的值得你托付终生，不能只听他嘴巴讲，还要观察他的行为，而且是要有一段时间的观察。

这时候，无聊的家庭聚会或派对，就是测试他的耐心和真心的最好机会，你怎么还会尽量避免掉呢？

要知道,如果一个男人是有肩膀,有责任感,是值得你托付的,就应该有勇气去面对该来的考验和挑战,尤其是和你的幸福和利益有关的事,他更应该用心去处理。否则,让他逃避成性,将来婚后,只要遇到什么棘手的事,他都推得一乾二净,这样的男人,即使不抽烟不喝酒没有不良嗜好,会做家事不搞外遇,也是废物一个,你不仅无法托付他终生,反而总是要为他操心受累。

总之,所有男人都只能骗你一时,只要他不是真心的,时间一久,考验一多,自然会露出马脚。

如果你想找对人,人生和感情有稳定的寄托,上面三个秘诀,必须灵活运用,任何小细节都不能放过,都可以拿来当作破案线索。

当然,我不敢保证通过这三种检测的男人,一定会让你幸福,但至少他不会是披着人皮的虫贼鬼兽,光是遇人不淑的风险,你就避开了百分之九十九,风险愈低,你的好命指数,就会往上冲了。

总有一天
我会遇见你 | 100
ONE DAY
I WILL MEET YOU

PART.16

四种状况,透视他的人品和修养有多好?

我写了这么多书，一再强调，女人要好命，一定要找对人，找到有品德和修养的好男人，将来，你们才能手牵手，一起通过各种人生考验，彼此不离不弃，白头偕老。

只是，男人的外表和财富看得见，人品和修养却是摸不到的。

可想而知，有太多女孩子遇人不淑，就是把自己当筹码，把自己的幸福当赌注，蒙着眼，靠手气去选男人，结果当然是人财两失，得到的，只有忧郁症和满脸的皱纹。

同样的，人品和修养看不见，摸不到，要如何去检测呢？

很简单，根据我的经验，世间男人都逃不过以下四种状况的检验，只要你用心去观察和分析他的反应，就可以像 X 光机一般，透视他内在的人品和修养。

第一种状况，无理取闹，故意找他吵架。

第二种状况，在众人面前不给他面子。

第三种状况，看他打麻将或玩牌，或玩各种竞赛时的态度。

第四种状况，找个姿色不错的女性朋友，当你的面去挑逗他。

要知道，男人都是靠本能反应在生活的，攻击性和兽性，就是他们的本能。

平时就算他人模人样，文质彬彬的，然而，只要他一遭受到压力或危机，或者被诱惑，他的直接反应，往往就会真实透露出他的人品和修养到底如何。

第一种状况，就是要测试他的包容性和涵养，如果他的内心是个长大不的小男孩，当你无理取闹，故意找他的碴时，他就会不耐烦，甚至比你还凶地吵起来，一点也不肯让步。

同样的，第二种状况也是要测试，他是否把他自己的面子，看得比你重要。

如果他是那种唯我独尊的超级大男人，把他的面子看得比他的命都重要，可想而知，为了他的面子，有一天他会牺牲你的权益，也在所不惜。

第三种状况，就是看他是否输得起，有没有大将之风，是否会把个人得失，看得比任何事都重要。

长辈常说，男人的人品如何，在牌桌上玩几个小时，通常都会现出原形，切记，一定要看几个小时，或多观察几次，才能看出他的牌品。

刘德华说过，牌品好，人品自然好，如果你只是看一下，他或许手气好，或许输得不够多，还忍得住不发脾气，往往你就会看走眼。

如果他手气变差，输到只剩一条内裤，却还能面带微笑，那才真是男人中的男人。

很多女性朋友怀疑我，说第四种状况不靠谱，怎么可能有男人会这么白痴，在女友面前还跟人家眉来眼去的。

老实说，世界愈进步，好色男人真的就愈多，我也想不通这是什么道理。

我曾和一位帅哥聚餐，这位帅哥眼睛是蓝色的，皮肤白皙，长得帅气英挺，身高一米八几，也曾当过平面广告的模特。

那天聚餐，除了我们几位哥们，帅哥还带了他女朋友来，他女友长得也不错，只是身材没有林志玲那样正，脸蛋也没有韩星那样令人惊艳。

然而，当我们进入一家美式餐厅时，才坐好位置，突然间就冒出一位穿短裙的女服务生，亲切地向我们介绍菜单，介绍完了点好餐，没过几分钟，又来介绍另一种套餐，没过几分钟，又来问我们好不好吃，过了几分钟，又来向我们介绍最新上市的酒，几分钟后，又来介绍说他们的厕所是在楼上，男生的在右边，女生的在左边。

老实说，那位女服务生的花痴指数和费洛蒙也太高了吧！而且，把帅哥的招数也真是够烂，完全把我们几个，包括他女友都当成瞎子或是白痴，因为，她每次来介绍,眼睛都像装上假眼一样,又大又凸地瞄着帅哥,更让人不可理解的是,帅哥也不停地用他那湛蓝色的眼球,拼命向女服务生放电。

我实在是看不下去,本来想站起来,建议女服务生,干脆直接向帅哥要电话比较快,人家女友在旁边,脸愈来愈臭,她真的是白痴到极点。

但看到帅哥自己也对人家放电,我只好低头吃薯条,当做是在看一出很烂的韩剧。

后来,我们终于用完餐要买单了,那天轮到我请客,我付了钱,结果女服务生却是向帅哥道谢,根本不看我一眼,笑呵呵地给了帅哥一张意见调查表,请帅哥填一些资料,以后来消费会有折扣。

帅哥当然知道她的意思,就什么都不填也不勾选,只写了名字和手机。

走出餐厅后,帅哥的女友气得先回家了,我们就到一家酒吧喝点小酒聊聊天,没聊多久,那位女服务生就心急地发了短信给帅哥,帅哥还把短信给我们看,女服务生直接表白,希望和帅哥做朋友,我当时真是又想哭又想笑的……

可想而知,帅哥后来也和女友分手了,不,听说是被女友甩了。

说真的,我觉得男人帅或有女人缘,都不是什么坏事或罪过，像我虽然其貌不扬，但走在路上也有很多师奶故意找我问路，或者，我走进菜市场，一堆师奶级的摊贩老板娘，也会拼命叫我帅哥。因此，我那位蓝眼的帅哥朋友，他的心情和困扰，我真的能够体会。

只是，两人真心交往时，应该彼此照顾体谅对方的感受，这是一个有品德有修养的人，应有的基本涵养。甚至我可以说，愈帅愈有女人缘的人，更是要注意自己的眼神和态度，就像功夫愈强的人，修养和自制力就要愈强，否则随便出手就会打死人一样，当男人愈帅，就应该更有自知之明和意志力，来维护那得来不易的真爱。

但话说回来，那些帅哥十有八九都是自恋的，每当有猎物自己送上门来，他们高兴都来不及，哪里会记住我说的什么修养和品德。

相对的，如果你男友也是这种自恋狂，只爱他自己，那么，你自己应该知道怎么做了吧！

总之，好命女之所以好命，关键不在于她的老公或男友帅不帅，而是人品好不好，如果你也想好命，在付出真心之前，不妨先用这四个关卡来测试对方，毕竟，小心驶得万年船。

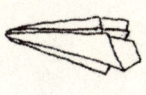

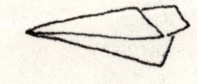

PRAT.16
四种状况,透视他的人品和修持有多好？

PART.17

外貌只是招牌或包装，
　　　　不等于真爱

人是视觉的动物，尤其是女孩子。所以，千万别告诉我，你天生就爱长相猥琐的丑男，不喜欢帅哥，如果你坚持要这么说，我也只会当做你是在回答选美的看似机智实是白痴的问答，听听就好。

　　人人都爱美的事物，如果你很爱美型男或帅哥，表示你的荷尔蒙和意识是正常的。然而，谈到每个人一生都必修的真爱功课，很多女孩子却搞不清楚喜欢和真爱的差别，以为外貌就是爱情的一切，除了想尽办法要让自己变漂亮外，挑男人时，也都锁定外貌像金城武或F4的男人，唯有这样的男人，才能让她得到真爱，其他太丑太矮太穷的，都是碍眼的人渣。

　　我知道，有很多条件不错的单身女孩，迟迟都找不到男朋友，很大的原因，都是她遇不到一个，真正可以让她看得顺眼的男人。

　　请注意，她一直强调，她的要求不高，只要让她看得顺眼的就好。然而，我再细问，她的看顺眼，简直就是梁朝伟和金城武的五官合体，还要有周润发的身高，身手也要像成龙一样敏捷。

此外，我也听过一个女孩子的超烂结婚理由，她说，她选择和这个男人结婚，其实是看上他挺拔的身材和帅气的脸蛋，因为，她的男人带出去要很体面，这对她来说，是比什么都重要的。

可想而知，这样的女人，简直把结婚当成芭比娃娃的派对游戏，就像外行人买笔电时，只看外壳是否有镶钻或有贴帅哥照片，完全不管它的CPU和主机板以及各种功能，结果买回去只能开机和关机，因为，光是开机的时间，就足够让她去洗澡和敷脸，最后，开完机就直接当机。

事实证明，那个宇宙超级大傻瓜的婚姻，撑不到一年，就因帅哥酗酒劈腿又出手打她，派对游戏很快就结束了。

老实说，我自己也很喜欢有气质的漂亮美眉，但我的人生历练告诉我，美丽或顺眼的外表，只是引导我们进入真爱殿堂的一道门，是一家美食餐厅的招牌，是一包听说很好吃的泡面外包装，我们真正的任务，真正的功课，是要穿过这道门，进入真爱殿堂，进入美食餐厅，打开泡面的外包装，去感受真爱的美，去体验餐厅美食和泡面的滋味。

或许，这家餐厅只是招牌很吸引人，但东西不合你胃口；或许，这包泡面外包装设计得很时尚，但吃起来却很普通。

或许，餐厅招牌很普通或朴实，但里面的东西深深地触动你的味蕾，触动你的内心；或许，泡面很便宜，但里面却是真材实料又没有防腐剂。

同样的道理，真爱就像一颗苹果，外表看很鲜亮可口，但那只是看起来，是否可口香甜，你一定要亲自咬一口，才能感受到它的真滋味。

很不幸的是，有很多女孩子，不敢去亲自咬这一口，不敢穿过外貌这道门，勇敢进入真爱的殿堂，不敢进入餐厅吃一次。

或许是从小的创伤，或许是曾经在感情上受欺骗和伤害，让她们永远只能在真爱殿堂门口徘徊，永远只能远远看着美食餐厅的漂亮招牌，而无法让内心，真实的得到真爱的滋润。

如果你也是这样，光是从外表，就否定了一个男人的内在人品、特质和独一无二的存在价值，那么，你不仅是外貌协会的会员，还是肤浅症候群的重症患者。

有这种病症的人，总会把男人迷蒙的眼睛，和他的善良贴心划等号，把男人的帅气脸蛋，和他的内在品德当成同一个东西，把男人的挺拔壮硕，当成是有肩膀有责任感的保证书。

当你病得很严重，你根本不会理别人的劝，即使这样的妄想和联想真的连幼儿园里的小朋友都觉得很差,但你还是一头栽进去,不管对方要什么,你全部都押注下去,即使他要你的人生,你的命,你也不哼一句。

直到,他拿走了你的全部,只留下创伤和债务给你,你才会恍然大悟,承认自己在这场赌局,输掉了所有,输掉了再次进入真爱殿堂的勇气。

然而,经过这样的幻灭洗礼,女孩子才能真正蜕变成女人,如果你还能爬起来的话。

我有许多女性朋友,她们的男朋友或老公,都是明星级的帅哥,然而,她们却说,她们真的不会迷恋他们帅气的脸蛋和身材,因为,他们每天生活在一起,可以很清楚地看到,帅气男人的脸皮慢慢松垮,肚子渐渐鼓起来,皱纹愈来愈多,头发不是变白就是变稀少。

然而,她们却更加爱他们。

美丽或顺眼的外表,只是引导我们进入真爱殿堂的一道门。

当你穿越它,它的任务就结束了,当你穿越它,你就不会迷恋它,当你尝到真爱的滋味,即使这道门或招牌,已经慢慢凋敝损毁,你也不会有任何遗憾和悲凄。

当然了,如果你一开始就只是迷恋这道门或招牌,随着它们的凋敝损毁,你的心也将会跟着凋零,你也只能在唏嘘绝望中度过余生。

你爱美，也爱帅气有型的情人，这是人生最美的享受，千万不要有罪恶感。

人生有爱是美好的，好好去享受，去追求你要的情人，但切记，不要把外表和内在品德划等号，如果你想找一个终生伴侣，还是以内在的一切为重吧！

毕竟，外表契合只能让你们相爱，只有内在契合，才能让你们长久相处，一生一世，甜甜蜜蜜。

总有一天我会遇见你 | 114 ONE DAY I WILL MEET YOU

PART.18

即使没有爱,年纪到了,
　　　就要成家?

友人的长辈对她说，不管有没有爱人，年纪到了就是要成家，女孩子，不管你多能干，多么独立，最终还是要有个归宿。

她问我，难道年纪到了，不管有没有爱，就应该把自己像出清存货那样，随便找一个男人嫁了吗？

老实说，我不反对老一辈的这个想法，人老了，年纪大了，身边总要有个伴，困顿时互相扶持，低潮时互相打气，生病时互相照顾，但老一辈所说的伴，只是个共同生活者，谈不上爱人或情人，老一辈要的只是个伴，没有爱也没有关系。

话说回来，我赞成老一辈的想法，前提是，如果你也有老派传统的想法和需求，我觉得你应该就要认真去找个伴。

相对的，如果你是新一代的女性，就不用受老一辈人的影响，毕竟，那是老派和传统的想法，并不适用现代的所有女性，如果你一个人活得很自在，多彩多姿，工作和生活形态，都不适合传统的婚姻生活，那么，你就应该走自己的路，除非真的遇到真命天子，否则，宁可一人享受人生。

然而，要做一名现代独立的女性，是需要很大的决心及勇气，而且，必须要什么都懂，都愿意学，从修马桶到倒车入库，从组装计算机，到学会跆拳道防身术之类的，都不能任性地逃避。

因此，"即使没有爱，年纪到了，是否就要成家"这个命题，应该是因人而异，而不能逼所有人都要挤进这个框架。

你要知道，同一个框架，对 A 女来说是囚牢和枷锁，对 B 女来说，可能就是让她脱离孤寂不安的寄托。

婚姻就是这样一个框架，它可以是个鸟笼，让你失去自由，也可以是个防护罩，让你免于孤单和恐惧的袭击。

再者，同样一个婚姻框架，三年前你视为洪水猛兽，把老一辈的苦劝当做是老古板的唠叨，可能三年后，你却会认为是金玉良言，打从心底佩服老一辈长者的智慧。

例如，我有一位女性朋友，个性很倔也很能干，很多男人都让她看不起，她的口头禅是："老娘比男人还像男人，干嘛再找一个男人来拖累我啊？"

因此，大家都认为她应该会一辈子单身，而且晚年很孤苦，因为她特别反对父权体制所创造出来的婚姻囚牢，加上她不好相处，个性又孤僻，而且还一个人住在深山里，朋友约好定期打电话给她，看她是否还活着。

然而，几年没见，有一次在超市遇见她，我怔了几秒钟，真的认不出她，因为，她满脸洋溢着笑容，那种笑容中，又蕴含着母性的慈爱，手上抱着一个孩子，手里还推着一台婴儿车，这个形象和打扮，根本就不是她的风格。

我细问之下，才知她结婚好几年了，而且早就搬到市中心来住了。

跟她交换了MSN后，回到家上线，她才娓娓道来。

原来，有一次她半夜开车回山里的住处，遇到警察临检，告知她有几位逃犯躲进了这个山区，要她小心一点，关紧门窗。

她听了笑笑，说她一点都不怕，因为她是空手道黑带的。

几天后，她又在半夜开车回家，这次她在山路中被一辆货车挡住去路，她突然想起警察的提醒，立刻倒车狂奔，那辆货车竟然也追上来。

她知道，只要她一停车，在几个大男人和枪支的伺候下，她的空手道黑带根本没用。

当时，她心想自己如果被他们抓到，必定劫数难逃，不死也会被他们凌虐到只剩半条命。

后来，她把车子开到山下的便利商店前面，来路不明的货车才掉头走掉。

当她下车冲进便利商店时，早已吓得魂不附体，莫名其妙地想起以前父亲告诉她的一个故事。

她父亲是伞兵,有一次跳伞时,主伞出问题,他怎么拉都拉不开,他只好拉副伞,副伞也卡住,眼看着自己离地面愈来愈近,他告诉自己,绝对不能放弃,他用力地拉副伞,另一手把卡住的地方拉开,在千钧一发之际,才安全降落在地面。

从此,父亲就教她,凡事都要靠自己,如果当初他没有靠自己,想尽办法把副伞拉开,他早就没命了。所以,是他自己救了自己。

或许,她就是从小接受父亲这样严厉的自救教育,才会有孤僻的倾向,感情路上也是不顺,因为她太独立,太坚强,一旦和男友吵架,宁可选择自己过日子,也不愿向对方低头认错。

但是,经过这次暗夜追逐的惊险经验,她真的崩溃了,她觉得,她无论如何坚强,她仍然只是一个女孩子。

后来,她回去和母亲住了一阵子,她一直以来都和父亲处得不好,或许是个性和父亲一样倔的关系,父亲几年前就因癌症过世,他临死前,她人在国外,连最后一面都没有见到。

母亲听了她的遭遇,拼命骂她死去的老父亲,从小灌输她什么自救独立的偏执观念,害得她一辈子孤单,无法享受感情和婚姻的甜蜜。

接着，母亲告诉她，其实父亲还是希望她有个好归宿，找个可以依靠的男人，只是，他临死前，她在国外，他的遗言，无法亲口告诉她。

她哭着反驳，说父亲从小一直说那个跳伞故事，要不是靠他自己的求生意志，不停地排除障碍，不停地拉副伞，他早就没命了。

所以，她也只是想靠自己，一个人活得自在，这有什么错？

"但你一个女孩子，终究会老，终究打不过男人……你不是神啊！"

母亲激动地哭喊着，两人抱头痛哭了一晚，最后，她愿意化开对父亲的怨，母亲这才告诉她父亲的遗言。

他临死前说，其实，那个跳伞自救的故事，真正救他的关键，除了自己的求生意志外，还有一个很重要的东西，那就是那个"副伞"，如果没有副伞，他再怎么自救，再怎么努力，还是会摔死。

因此，他希望自己的女儿，可以原谅他，从小灌输了不对的观念，人跟人，还是要有伴，彼此互相扶持照顾，才会安心，才会有幸福。

所以，他真正想告诉女儿的是，除了她自己的意志力和双手之外，她还需要一个可以值得倚靠的男人，那个男人，就是救她的副伞，让她人生可以完整的副伞。

就这样,她一夜之间想通了,隔天立刻就搬家,把家搬到市中心。然后,回头去找之前很关心她,暗恋她许久的学长,两人交往了一段时间,就结婚生孩子了。

我想,他父亲临死前,终于想通,人,还是要有归宿的,他的比喻真好,当人生的旅程快接近地面时,光靠自己的力量,没有像降落伞的男人,你的意志力再强,也是没有用的。毕竟,有心爱伴侣和归宿的甜蜜,是单身时,再怎么快乐,也无法取代的。

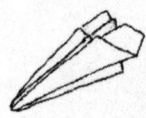

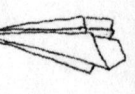

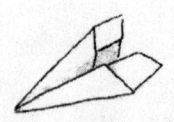

总有一天
我会遇见你 | 122
ONE DAY
I WILL MEET YOU

PART.19

爱要满分，情人只要
　　　六十分就好

世上的白痴女孩还真多，有些女孩子相亲饭吃了一百多次，亲友问她感觉如何，她一会嫌人家眉毛长得不够顺眼；一会嫌对方的身高只有一米七四点九，少了零点一公分；一会嫌人家的鼻子不够高，像哈巴狗；一会又嫌人家的鼻子太高，像混血儿。不然，就是嫌对方没有胸肌，或者是他开的车子品味太低，或是发线太高，或是皮肤太黑。

　　好不容易，有个男的让她各方面都看顺眼，才约会了几次，她又嫌人家太唯唯诺诺，没主见又太温柔，或者一直说冷笑话，又不好笑，不然就是太有魄力，大男人的味道太重。

　　哎！问她到底要什么样的男人，她才会满意？

　　这时候，她又一定会说自己很好相处，要求不高，只要看得顺眼，品行良好，而且孝顺顾家就好。

　　这种女孩子，多半都是罹患了眼高手低的绝症，除非大彻大悟，洗心革面，或者，她去整形成林志玲或孙芸芸，然后她老爸又突然中乐透，全家晋升为豪门贵族，否则，只好不停地吃相亲饭，直到人老珠黄为止。

其实，选情人就像挑衣服一样，有智慧，而且比较实际的女孩子，都应该懂得六十/一百法则。

所谓的六十/一百法则，就是说你在挑衣服时，千万不要挑让你完全满意，让你内心打一百分的名牌衣服，因为它太名贵，质料太好，设计和剪裁也是出自名家之手，这样的精品名牌衣，如果真的让你买到，你反而会因为它太名贵太细致，而让你不敢穿，或是舍不得穿，或者偶尔有派对或宴会穿出来时，又怕被人家的手指勾到，怕被饮料沾到，举手投足也怕动作太大，把衣服扯坏。

凭良心说，这样的衣服，硬穿一个小时，全身细胞就要死一半。

因此，选衣服时，衣服价位和品牌只要六十分就好，如此穿着打扮的表现才能一百分，好看舒适又便宜耐穿。

同样的道理，如果你在挑情人时，也是都专挑这种只能看不能穿的名牌男人，长得高帅，气质像男明星，学历高家世好又有内涵，事业成功又多金，孝顺父母而且还会做菜，就算你祖上有德，这样的帅哥型男真的爱上你，恐怕你也无福消受，每天二十四小时都要提心吊胆，是否他会受到其他条件比你好的女人诱惑，或者他是否会劈腿变心，或者你是否哪里又做不好，不符合他和他家人的期待，一天二十四小时你要不停地焦虑，重复地折磨自己，我看，两人交往不用多久，你就会崩溃，喊着要分手。

爱要满分，情人只要六十分就好

这种要求情人满分的爱情白痴，根本要的不是一份甜蜜幸福的爱情，而只是满足自己虚荣或遮掩自卑感的变态妄想。

话说回来，我常观察，那些感情和婚姻非常幸福美满的，并非都是帅哥美女组合，有的女的特别美，条件很好，但她却懂得挑一个外表只有六十分的情人，一来她是注重内在个性契合，二来她也不用因为对方太帅，而提心吊胆或不敢投入感情，全心去爱他。

除了帅哥美女外，一般人的恋爱组合，也差不多都是遵循六十/一百法则，也就是虽然彼此外表都很平凡普通，却反而可以让彼此都不会有太大的压力，也不用太在意别人的眼光，可以全心沉浸在两人世界里。

所以说，爱情要满分，情人只要六十分就好，毕竟，对大部分的人来说，安全感，比虚荣心更重要。

切记，当你选情人，太要求外表条件时，你爱的人，不见得是你需要的人，反而有可能是来拖累你的。

相反的，如果你懂得六十/一百法则，你会发现，你需要的人，虽不见得是你妄想的心爱对象，但可以得到你的尊敬，让你拥有一百分的爱情和幸福。

爱要满分，情人只要六十分就好 127

PART.20

花花公子要心碎九次，
　　　　才懂真爱

女人,是靠幻想和妄想活下去的生物,而不是靠柴米油盐酱醋茶这些东西。

有位女性读者来信,写她明知道对方是个花花公子,但她就是离不开他,除了照顾他的生活,还不时借钱给他上补习班去"缴学费",虽然,他很深情地说自己会改,但私底下仍不停地偷吃。

她身边的姐妹淘,都说她被花心男利用了,但她仍坚信他是好人,是有心要向上的,只是没有人真正了解他,没有人愿意伸出手帮助他,她相信,他最后一定会为她改变的。

讽刺的是,这位读者一直说坚信他会改变,但最后又问了我一句:

"请问,花花公子有可能变成乖乖男,体悟到真爱的意义吗?"

我的回答是,有可能,但他要心碎九次,才能认清真爱是什么。

根据我的观察,花花公子之所以比较无法体悟到真爱,是因为:第一,他有不错的外表和条件,可以不停地享受恋爱游戏,即使没有真情真爱的滋润,也不会感到空虚,就像有钱人家里的小孩,家里有很多电动玩具,就算没有朋友和亲人关怀,也可以过日子一样。

第二,花花公子因为在爱情游戏上的资源很多,相对的,他也不太敢去进入真感情的互动,因为怕受伤害,怕痛怕苦又怕真的爱上一个女孩子,从此三魂七魄都被勾走,没有了自己的生活。

第三,花花公子因为外表和条件好,长期被女孩子宠坏了,也习惯性地比较爱自己,不知如何爱别人,也不愿脱离这种被宠爱呵护的幼儿园生活。

有人问我,到底花花公子要到几岁,才会真的成熟,学会对感情负起责任,真正懂得什么是真爱?

哎!人的外表虽然有年纪的标记,但内心却是可以永远在原地踏步的。

不信,你看掏空某大企业的富家子弟,虽然都六十岁了,还是会想娶小她三十几岁的辣妹,可见他内心还是渴望自己永远是二十几岁的小伙子。

尤其现代人的价值观都大变特变,过去,我总以为男人就是要有肩膀,要有勇气和责任感,意志力坚强,可以克服各种残酷考验,这才有男人味,才会受女人欢迎。

结果我这种想法,却一直被女孩子批为老派或大男子主义,我问她们喜欢哪一种男人,她们却说那种外型迷人、贴心、脾气好的小男人,让她们想照顾呵护,这种小男人,才是最迷人的男人。

同样的想法,在我的男性朋友中也像病毒一样传开来,愈来愈多的男人,都觉得可以被女人宠爱和照顾,是一件很有面子的事。

因此,每次我和男性友人聚会时,大家都会炫耀自己又被哪个富婆看上,开出多少钱要包养,不然就是故意不小心说出来,又有女孩子买衣服内裤送他或给他钱花,把他当宠物一样呵护。

哎,世界末日可能快来了吧……男的不像男的,女的却愈来愈坚强和有魄力,出手也愈来愈大方。

老实讲,如果我也长得又高又帅,有型男气质,或者像那个娶年轻辣妹的六十岁企业家,有个疼爱他又留好大好大一堆财产给他的好爸爸,我想,我也会很享受被女人宠爱的虚荣和甜蜜。

不过,还好我不帅,老爸又没钱,不然,我真的会一头跌入那种被宠坏的柔情漩涡中,一辈子不想负责任,不想为别人牺牲,不想有肩膀,也不想去面对各种严厉考验和挑战,最后变成满脸皱纹的幼稚小男孩。

所以,你问我,花花公子一旦遇到真命天女,就会安分守己成为乖乖男,不再偷吃,成为有肩膀,愿意为爱承担责任的好男人吗?

答案当然是有可能的。

但那个几率，可能要比你中乐透还要小个一百倍吧！

你想，那些每天用鱼翅漱口，把鲍鱼用来当口香糖的人，怎么可能知道白米饭的美好滋味呢？

当然了，只要有信心和坚强意志，花心男还是有可能变成真情男的。

只是，花心男可能要先被切断金援，不能有金主，不管这个金主是他老爸或老妈，或是哪个中年富婆或年轻小女友。

没有了钱，花心男就没有戏唱，要活下去，就要靠自己实力去赚钱，要赚钱，就要投入心力在工作上，再也没有那么多时间去泡妞或是敷脸做 SPA。

接着，再让他碰一堆钉子，不管他使出多少招式，拼命对女孩子放电，但都被当做是颜面神经失调的患者，他才会严肃地考虑，男人的内涵和诚意，才是经营感情的必要元素。

最后，如果可以，最好让他被甩九次，让他心碎九次，让他去体验那种被人劈腿，被人伤害的苦，他才会真的清醒过来，他才会真心忏悔，不该把女人当提款机，把女人的真情付出当成自己虚荣的徽章。

如果你有信心，可以让他心碎九次，或者是你可以成为他第九次心碎的女主角，那么，就带领他一起进入真爱的殿堂吧!

否则,还是去买乐透比较实际。

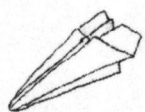

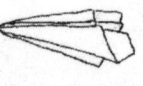

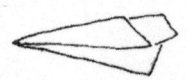

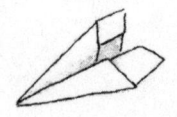

总有一天
我会遇见你 | 134
ONE DAY I WILL MEET YOU

PART.21

他会爱上你或离开你,
　　　　只要一句话

前几天看报纸时，看到一个漫画家说的一句话，他说，小男人的厉害，大女人永远是最后一个知道的。

这句话实在是太贴切了，让我印象很深刻，即使几天后要写这篇稿时，我还是会不经意想起这句话。

这也让我想起，我有个女性朋友，是个女强人，有一天她约我出来逛街，等她买完一堆名牌包后，突然哭了起来，说她真的一无所有了，孩子、公司和房子，全部都被她那没出息的老公骗走了，如今，她身上只剩这张信用卡，刚刚也刷爆了，她真的是一无所有了。

这世间有很多大男人，也有不少大女人。

她就是典型的大女人，因为家世好又能干，个性从小就很强，经常用事业和钱来压她老公，她老公是个爱吃软饭的小男人，打不还手，骂也不顶嘴，但却会把怨气一笔一笔地在心中记得清清楚楚。

然而，她却把他吃得死死的，以为他一辈子也不过如此，永远是个没出息的窝囊废，就不自觉地变本加厉地欺压他。

她永远不知道,小男人被逼急了,也会变成大土匪。

然而,等她知道小男人精心策划的计谋时,一切为时已晚。

我本来就认识她那个没出息的老公,有一次在饭局上遇到他,和他闲聊几句时,好奇地问他,为何有这么大的决心?

他淡淡地说,只因为她的一句话,才把他推向绝路,他应该感谢她。

她说的那句话,就是:

"没有我,你算哪根葱,我一句话就可以让你流落街头,你敢不敢试试看……"

我有一个从南部乡下来台北打拼的朋友,他长得很挺拔帅气,刚到一家贸易公司当业务员时,很多女同事想追他,但他都不动心。

后来,我有一阵子没和他联络,再接到他电话时,他却说他要结婚了,而且对象是他办公室中,那个长得矮小又老气,大他三岁的会计。

等他婚后,我问他为何会选择这个女孩?

他说,他是从乡下来的穷人家小孩,每次公司派他出差时,他都很焦虑,因为他没有那么多钱,帮公司先垫油钱和住宿费,当他向老板娘询问,是否可以先预支时,反而被骂了一顿,说什么以前很多业务员领了钱就跑掉,她怎么知道他会不会也是这种人？

有一次，他又要出差了，那个矮小又老气的会计小姐，却把他叫进去，塞了好几千元给他，只说了一句：

"男人出门在外，有钱比较有胆……"

原来，会计小姐的意思是，先拿自己的钱给他，等他回来再拿单据向公司申请出差费，到时再还她。

就是这句话，让他开车出差时，在车流中哭了好几回。

也因为这句话，让他下定决心，要她永远当他的后盾，让他永远可以享受这种没有后顾之忧的安定感。

相信我，缘分是自找的，当你在对的时间，说对一句话，你的美好姻缘，就会自动来按门铃。

你是否也因对方的一句话，让你爱上一个男人，或是下决心离开他呢？

相对的，你过去是否也说过一句话，让男人爱上你，或是决心离开你呢？

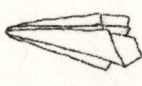

他会爱上你或离开你,只要一句话 139

PART.22

好男人要成为好老公的三百个条件

到底一个男人,要具备多少条件,才能成为一个好老公?

其实,这个答案,是因人而异的,主要是因为有不同的女人,而有不同的答案。

意思就是,一个男人,他可以自认为,只要具备一个条件,或者具备十个条件,就是好老公。

例如,某个男人自认为,自己应该承担起养家责任,每个月都把薪水交回来,让妻小都有饭吃,有房住,他就自认为是一个好老公。

但也有男人,会再多加几个条件,例如,每年带全家出国旅游,或是帮自己投保,受益人是妻子和孩子,或者,他戒烟又戒酒,尽量晚上不应酬,尽量晚餐都回家陪妻子和孩子吃饭,还陪孩子做功课。

为什么不同男人,有这样大的差异呢?

主要原因有两个,一个是他的婚姻观和家庭观,这是从小来自家庭的影响和后天自己修持的结果。

另一个是根据老婆的表现,而产生的互动,这部分是老婆可以自行去塑造和期待的。

打个比方，同一个男人，他从小家庭很温暖和乐，他的婚姻观也很正确，愿意为家庭付出，共同来经营一个幸福家庭，这个时候，他的婚姻和家庭的幸福指数，就全看他娶到什么老婆了。

如果他娶到的是自私又任性的女人，不爱待在家里，也不爱做家事，更不愿为了家庭牺牲自己的时间，为家人付出，那么，就算他付出再多，牺牲再多，却都得不到互动和支持，时间一久，他也会想放弃这个家，因为，光靠他一个人来扛整个家，必然会身心俱疲，心灰意冷。

如果他娶到一个贴心顾家的女人，那么，他的付出和牺牲得到响应和互动，必然会付出更多，这个家的幸福基石，将更稳固。

相对的，如果这个男人从小家庭不和睦，加上他后天没有调整自己的错误认知，让他对婚姻及家庭有错误的想法，同样的，他娶到什么样的女人，也成了这个婚姻是否幸福，感情是否甜蜜的关键。

当然了，如果他娶的是贴心撒娇女，婚姻的幸福指数还是可以很高。

不过，如果他娶的也是自小家庭有问题的自私女，可想而知，这段婚姻也必然是以悲剧收场。

我还记得，我有一位女性朋友，常跟我抱怨，说她老公不贴心，不顾家，又不会甜言蜜语，也不会做家事和煮菜……

我问她，她认为一个好老公，要具备多少条件？

她想了一下，哗啦哗啦地说了几十个条件。

我跟她说，其实，一个男人为了成为好老公，必须具备三百个，甚至更多的条件。

她瞠目结舌地怔了一下，问我，是哪三百个条件。

但我告诉她，她要男人成为好老公前，她必须先具备成为好老婆的三个条件，有了这三个条件，男人才会受感动，而成为一个好老公。

她又问是哪三个？

我说，一个女人要成为一个好老婆，必然需要具备三个条件：顾家、厨艺和撒娇。

女人会顾家，男人的身体就能得到休养和充电；女人会做菜，就能抓住男人的胃；女人会撒娇，男人的心就离不开她。

只要女人具备了这三个条件，她的老公就会具备成为一个好老公必须有的三百个条件。

到底是哪三百个条件呢？

这就由当好老婆的你决定了。

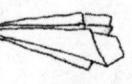

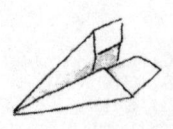

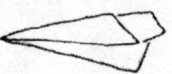

总有一天
我会遇见你 | 144
ONE DAY
I WILL MEET YOU

PART.23

每天改变一点,
　　　缘分自然来按门铃

我遇过太多那种长相清秀、身材娇小、长发大眼、不说话或不笑时也很有气质的女孩子，但她们一开口，粗鲁野蛮的话语立即让身边的男人敬而远之。

每次跟她们一聊到感情，她们都用很无所谓的口吻说不担心啦，有缘分的自然会来。

然而，再细聊她们的感情状态，十有八九都是被劈腿或是单身已久。

当我劝她们说话语气和举手投足，要有女人味一点，才会有桃花运，甚至要懂得适时撒娇，才有男人把她们当女人看时，她们一致的反应，都是不可能啦，要她们改，她们宁可去当尼姑，一辈子不要男人，也很快活。

我很怀疑，她们没有男人，日子真的很快活吗？

根据我的观察，这类的男人婆，个性都很倔强，也很爱面子，要她们撒娇，真比登天还难。

然而，她们内心其实也都渴望有机会成为小女人，让男人来呵护她们，只是因为曾经受过伤害，或者太爱面子，就算内心爱到极点，也死要面子不向人家告白，也因为如此，她们习惯用粗鲁率性的言行，来掩饰她们的不安，另一方面，也让很多男性朋友，把她们当哥们儿，让她们可以更自在地和男人相处，但后遗症就是大家都把她们当男人看，久而久之，在男性友人眼中，她们不再是女人，只是一个穿裙子的兄弟而已。

例如，我就遇过一位长得很秀气的女孩子，但她也是男人婆的个性，每次聚会聊天，她都是两腿叉开（她几乎都穿牛仔裤，从不穿裙子），然后用很有江湖味的手指姿态，夹着一根烟，边骂脏话边吐烟圈，不然就是没说几句，就举起手想扁人，一副讨债公司派出来堵人的样子。

更恐怖的是，当她喝了酒，整个人简直就是日本山口组的黑道成员，只要看隔壁桌不顺眼，拿起酒瓶就要K人。

我们几个朋友常常替她担心，大家一致通过，她这辈子大概没有机会谈恋爱了。

不过，或许是臭氧层有破洞，全球气候异常，人也变得异常了。

有一天，我们竟然看到她把长发放下来，穿着裙子和高跟鞋，很有女人味地默默坐在餐厅角落看书。

我们几个朋友一看到这景象，都说可能会有大洪水来，或者是彗星会撞地球。

后来，我们才发现不是世界末日来临，而是她爱上了一位帅哥,当这位帅哥走进来时,她很腼腆地迎向他,语气温柔地向他撒娇,两人有说有笑。

说实在的,这个画面的落差太大,我们根本无法联想现在的她和过去的她,是同一个人,看她向帅哥撒娇的样子,简直比"发现"频道里的动物奇观还精彩。

然而,这出戏没有演多久,不到几天,帅哥可能听到其他朋友描述她以前的男人婆行径,连一声招呼也没有打,就自动消失了。

可想而知,她没过多久出来聚餐时,又恢复了以前的打扮,但动作举止比以前更夸张,完全是对人生不再抱任何希望的姿态,喝酒骂人根本不会踩煞车。

其实,她是遭受到现世报的个别案例,并非每一个转性的男人婆,下场都会如此,只是,她必须要再给自己一段时间,多做点女人味的功课,有好的口碑,美好姻缘自然会来。

总之,相信我,不管你是男人婆或大女人,只要愿意改变,多考虑男人的感受和需要,大剌剌粗神经满口脏话抽江湖烟的男人婆,还是一样可以享受幸福甜蜜的滋味。

如果你不知如何改变,可以多观察那些把男友或老公吃得死死的女人,看她们的穿著,她们的说话语气,她们的行为,以及她们对男人的看法,久而久之,你就会发现,她们都是撒娇于无形的高手,虽然表面上没有嗲声嗲气的撒娇,但她们不会忽视男人或是去伤男人的自尊,反而是用鼓励及肯定的思考模式,来和男人对应,让男人离不开她们。

因此,语气和口吻只是技巧之一,最重要的,还是你内在看男人的观点,以及对爱情的价值观,必须重新调整和修正。

例如,你不能把姻缘当成是天注定的,把幸福的责任都推给老天爷,然后,自己不修边幅,烟不离手,酒后无德,还期望有缘的男人,会自动来到你的身边。

再者,你也不能用粗言粗语或男人婆的行径,来表达你的爱意,更不能男人如果爱你,就该包容你一切的任性想法。

毕竟,人家男生也是父母生养的,他也需要爱和关爱,这样的男人,才能和你长长久久地厮守一生,否则,你只能找到那些超会演戏的男虫,为了你的财或色,才会忍住鸟气,让你蹂躏糟蹋。

说真的,如果你愿意,只要每天改变一点点,改掉三字经的口头禅,改掉酗酒的习惯,改掉抽烟的江湖味,时间到了,你的姻缘,自然会来按你的门铃。

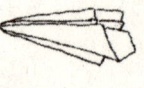

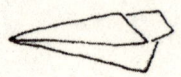

总有一天
我会遇见你 | 150 ONE DAY
I WILL MEET YOU

PART.24

不是你的菜,
　　再可口也不要乱吃

我常跟朋友说,谈恋爱需要运气,更需要智慧和意志力,就像打麻将一样,有些牌看来不错可以吃,但吃了又会破坏牌势,这种好吃却不是你的菜的"美味废牌",最好还是要忍住不吃,否则,不但无法听牌胡牌,还会逼你拆掉手上多余的危险牌,害你点炮,一家赔三家。

哎!谈到感情,其实最恼人的,不是没有人爱,或是完全与桃花运绝缘,而是那种,烂桃花运一堆,挥之不去,他们又常在你身边扰你清梦。

此外,更麻烦的是,有些美味废牌,却又有着高帅外表,穿着ARMANI西装,让你意乱情迷,根本不觉得他是"美味废牌",一不小心吃了他,结果是灾祸连连,悔不当初。

我有个女性朋友,长得很普通,但有一年她真的就走了烂桃花运,众多追求者中,有一个帅哥,本来是她姐妹淘的男友,后来姐妹淘劈腿,帅哥伤心至极,一直找她诉苦聊心事,好几次在KTV喝酒唱情歌,或许是帅哥情伤攻心,加上酒精中毒,唱完情歌后,对她又抱又亲的,让她受宠若惊,根本无法抵抗这种攻势,整个人陷了进去,深深地爱上了帅哥。

然而,她偶尔清醒时,很清楚地知道,这帅哥根本不是她的菜,嗯,不对,是她根本不是帅哥的菜,而帅哥的世界和朋友圈,也不是她可以介入的,两个人实在是不同世界的人,因为,他们站在一起,就像是F4和魔戒里的女哈比人那样不搭调。

我也曾劝过她,说明了"美味废牌"的杀伤力,我劝她就当个知心好友,陪帅哥度过情伤期就好,千万不要陷进去。

她似乎听懂,也想抽身,但帅哥电话一来,她整个人又像失心疯一样,立刻把我当成路人,看也不看一眼。

可想而知,她不是那种有很强的自制力和决心的女人,她不仅陷入"美味废牌"的漩涡里,而且还打算和他结婚。

结果,就在他们交往三个月后,帅哥又偷偷交了几个模特等级的女友,后来实在偷吃得太夸张,被她发现,她一直无法相信,这段让她刻骨铭心的真爱,竟然只是帅哥的一场爱情游戏。

不幸的是,她实在陷得太深,更不幸的是,帅哥也早就抽身,一颗心早就飞到一堆模特女友身上。

她狂哭了好几天,开始不相信爱情,不相信人性,最后，听说得了忧郁症，每天要吃一堆药，才能睡觉。

我的另一个女性朋友，也是因为不甘寂寞，而不小心吃了这种"美味废牌"，不一样的是，男的不是很帅，而且一直有女友，但他自认为是花心帅哥，看她一直是小姑独处，就像苍蝇一样，黏在她身边说些甜言蜜语，最后她也是心防被攻下，整个人陷进这个三角漩涡里。

然而，接下来就是他女友打电话来臭骂她，还说要找人来打断她的腿。

最后，她发现男友除了她以外，另外又劈腿别的女生，让她吃不下，睡不好，工作也差点丢掉。

她说，她再寂寞，也受不了这种精神和身体上的双重折磨，于是，她决定结束这个多角关系的爱情游戏，一个人到印度去治疗情伤。

哎！"美味废牌"是毒不是药，只有那些有智慧的女人，才会懂这个道理。

女人要在感情上得到幸福，除了靠感觉，还要靠纪律和决心，认清自己要什么，只要不是你的菜，再可口再美味，也不应该去吃，活在自欺欺人的妄想中，离现实愈来愈远，等到有一天梦醒了，才发现自己飘浮在一万公尺的高空，这时一摔下来，就算不会粉身碎骨，也会变成肉酱。

尤其是那些条件太好，又高又帅又花心，而且当初和你就是以不正常关系开始发展的帅气男人，当你决定要吃这张废牌时，一定要想清楚，他今日会背着女友和你私会，将来也会背着你和别的女人暗通款曲。

然而，要保持清醒，要懂得自律不吃美味废牌，真的不是那么容易，尤其是对那些在寂寞中煎熬已久的单身女来说。

但是，我说过，幸福是需要信念和纪律，才能拥有的宝藏。

因此，如果你想拥有幸福和真爱，对于这些美味废牌的诱惑，再苦，再痛也要忍过去，就像戒毒瘾，再苦，一段时间之后，瘾就会消退许多，时间再久，你就可以重新找回自我。

总之，不是你的菜，只是因情伤或运势孤单而爱上你的人，你一定要保持清醒，告诉自己，他不是真的爱你，他只是把你当临时感情替补或过境旅馆，当你情不自禁爱上对方，你只好请祖上保佑你可以安然度过这次桃花劫，否则，你要有下十八层地狱的心理准备。

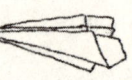

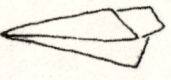

总有一天　156
我会遇见你　ONE DAY I WILL MEET YOU

PART.25

分手像拔牙，
　　　拔完别急着吃牛排

如果有人刚分手，就可以立刻展开一段新恋情，那么，我敢说她或他，根本已经对上段恋情，没有任何爱意和眷恋，如果真是这样，这就不应该叫分手，而是假释出狱，嗯，不是，应该是服刑期满，出狱重新做人。

话说回来，如果你是被迫分手，带着情伤离开对方，那么，你应该把这个分手，当成是动手术或拔牙，要让自己有一段恢复期，不要急着去吃牛排，否则，伤口会愈裂愈大，永远不可能愈合。

最常见的例子，就是有些女孩子失恋后，就急着找人谈恋爱，她天真地以为，失恋的伤痛，可以用另一段亢奋的激情，借着几百 CC 的荷尔蒙，来结束本来该有的情伤和痛苦。

这种病急乱投医的笨女孩，往往最容易掉入男贼或男虫、男兽的陷阱里，因为，她急着要有情人，也因此，对方的缺点和危险，她都看不见。

新闻中，常可以看见，有些良家妇女，像是幼儿园老师或护士，或是公务员之类的有固定收入的女孩子，被网络男虫骗得团团转，普通倒霉的，可能只被骗了一些存款，比较倒霉的，不但毕生积蓄都被骗走，身子也被这些人渣玷污了。

不了解内情的人，都说这些受害者智商太低，才会被骗。

事实上，这些女孩子被骗，并不是因为她们智商太低，而是她们多半刚好和男友分手，或是情伤一直没有痊愈，为了逃避痛苦，才误入圈套，人财两失。

因此，当你痛苦地结束了一段感情时，最好给自己一段时间，来疗愈自己的创伤，让自己的元气复原，而且最好不要谈恋爱。

在这段时间内，你很容易有幻觉，也很期待有新的恋情出现。然而，根据我的经验，在这时期你会爱上的人，多半都有补偿作用和麻醉效应，他们都不是你真正需要的人，不是你的菜，更无法让你得到真爱。

相对的，很多男人也刚经历分手的伤痛，这种男人，短期内你最好也不要靠近，因为，他们也会到处找一些替死鬼，来当他们的止痛剂或安慰剂。

我曾听过一个真实的案例，有个帅哥，每次失恋，就到他家楼下的便利店去泡女店员，尤其是那种涉世未深的工读生。

由于便利店的工读生流动率很高，他每次追到了工读生，玩了一段时间腻了，或是交到正规的女友时，就把小妹妹甩了。

等到他又失恋了，又去楼下找女工读生，由于他长得不错，几乎是百发百中，最后，便利店的店长去找他父母抗议，说他真的把便利店当成他的情人"便利店了"，害得店里的工读生流动率更高，他这才收敛一点。

因此，分手或失恋，痛苦和伤口不下于拔牙，千万不要急着吃牛排和大餐。

如果你也曾做过这种傻事，最好你能分辨，你现在的情人是止痛剂、安慰剂、还是迷幻药？或者，你是他的备胎、安全气囊、还是降落伞？

毕竟，当人有情伤，挑情人时就像鬼遮眼，很容易就把男虫看成气质男，男贼也会看成是贴心男，甚至把男兽当成真命天子。

如果你不想被当成用完即丢的垃圾，还是听进我的忠告吧！

分手像拔牙，拔完别急着吃牛排

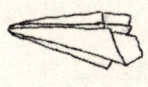

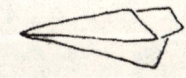

PART.26

再苦再煎熬,也要等到
"对的那一盘"

很多女性读者来信说，她们真的不想再期待什么真命天子了，说真的，单身的日子实在很苦，很煎熬，因为，她们不确定，所谓的真命天子，是否和好莱坞所创造出来的蝙蝠侠或蜘蛛人一样，是同一类型的幻觉。

有的读者说，她们真的考虑去当尼姑或修女算了，有的则说，她决定爱上下一个约她吃饭的男人，或是下一个记得她生日的男性朋友，不管对方是否是她们的菜，不管对方长得是高是矮，帅或不帅，只要他四肢健全，五官都没有缺陷，有呼吸有体温就可以。

哎！各位姐妹们，凡事都要顺应因缘，千万不要这样自暴自弃。

其实，世界上没有一个人，可以永远都在恋爱顺风期，或是永远在桃花运中享受日子，即使是又高又帅的型男，或者脸蛋姣好、身材火辣的美女，也都有所谓的爱情休耕或烂桃花期，而且，愈帅愈美的人，所经历的爱情困境，恐怕要比一般人来得严厉和凄惨。

当你处在爱情低潮时，不应该怨天尤人，应该想想，过去你也有享受过爱情的高潮和甜蜜，本来，人生的运势就像潮汐和股市一样，起起伏伏的，如果你不能熬过低潮，就不会有机会去享受，下一波即将来临的大潮。

只是，没有人可以向你保证，你的恋爱顺风期什么时候来，包括所谓的命相大师也是一样，他们的预言，最好参考就好，以免期望过多，失望也愈大。

面对不确定的未来，你唯一能做的，就是让自己保持在最好的状态，不管是身体健康和财务上，还是心态及信念上，千万不要想靠夜店或酒精，来麻醉自己的不安和痛苦，否则，你很容易染上酒瘾或夜店瘾，一到晚上九点，全身上下就像有几万只蚂蚁在用 MSN 敲你一样，逼得你一定要到夜店报到，把酒精当成唯一的救赎。

其实，每个人的爱情运，就像回转寿司一样，当你想吃的寿司，一直没出现，或者还在很远的地方时，你最好坐在原位，乖乖等它转到你前面。

然而，有时候我们连吃个回转寿司的运气都不是很好，更何况是爱情运。

例如，那些我们想吃的新鲜可口的菜，不管怎么等，怎么向服务人员抗议，这些菜不是一摆出来就被人家拦截，就是缺货中。

相对的，那些我们不想吃，或是不新鲜的，却一直来到我们面前手舞足蹈的，让我们不但要耐得住饥饿，还要经得起诱惑，这真是人世间最大的煎熬和折磨。

同样的道理，爱情这东西也是，很多缘分可遇不可求，尤其，只要你用心去观察自己的人生，你会发现，有一段时间，真的就是遇到那种超严重的烂桃花期，本来遇不到对的人，已经够烦了，这时，又冒出一些你很讨厌的人，让饥饿的你更饥饿，让寂寞的你更空虚。

这时，如果你没有耐心，看到眼前转来什么，你拿了就吃，等到你想吃的那一盘来到面前时，你已经肚子塞满东西，就算你硬塞进去，也感受不到它的美味，搞不好还要去厕所全部吐出来。

因此，对于这种"爱的不来，烂的挤一堆"的困境，我有一个真心忠告，那就是，只要地球继续转，太阳不停地日升日落，相信我，这些烂桃花或美味废牌来诱惑的种种事情，不可能一直停留在原地折磨你的。

只要你坚守本分，不要迷失自己，这些烂桃花运终究会过去的，就像回转寿司的轨道上的那些烂菜一样，如果老板不理客人的投诉，继续让烂菜或臭掉的寿司在客人面前跑来跑去，这家店很快就会关门，这时，老板就会赶快准备新鲜的食材，推出可口美味的菜。

同理，这个宇宙一直也是这样运转着，当你人生中的烂菜都出尽，你的真命天子，就准备登场了。

总之，爱情这东西，本来就是要折磨人的，要让人受苦的，否则，你就尝不出爱情的甜蜜和珍贵。

当你很闷时,你不妨把自己的感情路,当成回转寿司的上菜轨道,告诉自己:再苦再煎熬,也要等到"对的那一盘"。

再苦再煎熬,也要等到"对的那一盘"

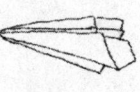

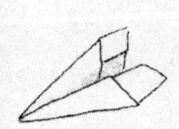

后记

吃汉堡或喝咖啡时,请记得带这本书

相信我,世上除了你之外,也还有很多单身男人,感到很孤单,感觉内心深处一直有个声音,要他们用心去找一个可以真心相爱的伴侣,一起享受爱情的甜美,共度人生。

如果你愿意,你可以让他们和你相遇,让他们有机会,对你诉说他们心中的苦楚、思念和渴望。

问题是,你到底要如何才能遇见真命天子呢?

还有,当真命天子出现时,你要如何认出他?

很简单,只要你看懂这本书的忠告,不要因为孤单寂寞,而迷失于情欲的游戏中,随时保持最好的状态,就有机会和真命天子相遇。

此外,从现在开始,走出去多认识一些人,邻居也好,同事的朋友也好,朋友的亲戚也好,如果你想通过婚介所参加各种联谊也可以,尽量让自己多认识一些人(但要小心那些可怕的虫贼鬼兽),用心地了解每个人的想法和内心世界，你才能知道，什么样的男人，才能真正和你共度一生，共同享受爱和家的甜美。

最重要的是，你要有坚定信念。

相信爱情，相信真爱必定来临，不要因为一些阻碍或考验，就放弃了追求真爱的信念。

再者，你要有正确的心态，不要太自我，太难相处。

毕竟，人家男生也是人生父母养的，尤其愈是内向或负责任的，自尊心就愈强，你不能硬要把人家的尊严，丢在地上踩了十八次，才证明人家是真心爱你的，否则，你的下场不是孤单老死，就是被那些完全没有自尊的男虫骗到一无所有。

总之，如果你想成为拥有幸福的好命女，这本书有空就要拿起来多看几遍，对你只有帮助没有害处。要以阳光的心态去面对情感中的低潮期，不要让自己关在自闭的象牙塔里。

甜美姻缘是自找的，我该说的都说了，剩下的，就要靠你自己的行动力了。

少去夜店，多去书店、图书馆或咖啡厅，去麦当劳之类的快餐店也可以，去的时候不要一堆人吱吱喳喳的，最好一个人，带着这本书，记得封面朝外或朝上，我想，只要是有心的单身男人，都会知道你是个有品味（因为爱看本人的书）、值得认识的单身女人。

当然了,缘分虽然是可以自找的,但也千万不要心急赶进度。

当你看完这本书,今后不论在什么地方,在什么时候,不论你是得意,还是失落的,都千万别忘了,在地球的某个角落,有个男人,在内心默默地对你说,亲爱的,别放弃,总有一天我会遇见你。

附录
自找美好姻缘的十八个生活提案

1. 少去夜店,多去书店、图书馆或咖啡厅,或麦当劳之类的快餐店。

2. 少上网,多去公园、小区健身房、菜市场或量贩店走走。

3. 每天出门,都要当做是上台走秀,穿着打扮要有时尚感和品味。

4. 遇到不对的男人,也别口出恶言,因为,有可能你的菜就在他旁边。

5. 手机保持畅通,即使半夜也要开在静音模式,不要关机。

6. 对有感觉的男人,要把他的电话输入姓名,来电时可显示。

7. 和男人吵架或冷战时,千万不可长期关机或换号码。

8. 不帅的男人,也别急着回掉,用点时间去了解他们的内在。

9. 多找男人出来吃饭，除了高档餐厅，也可以去路边摊，让他自在地表现出"原来的自我"。

10. 有喜欢的对象，要深入观察他和母亲的互动，愈爱母亲的，就愈懂得欣赏女人的内在美。

11. 生病时，请他来照顾你，最能看出他是否值得托付。

12. 不要禁止他去打麻将或玩牌，趁他玩牌时，观察他的牌品。

13. 常请他参加冗长无聊的家庭聚会，了解他的人品和修养。

14. 偶尔无理取闹，故意找他吵架，观察他的包容心和涵养。

15. 找机会，在众人面前不给他面子，看他是否是唯我独尊的男人。

16. 找个姿色不错的女性朋友，当你的面去挑逗他，考验他对你是否专一。

17. 每天改变一点说话的语气，养成多为他人设想的习惯。

18. 找出你的"好命关键词"，集中火力在有效目标，不要看到黑影就开枪，乱枪打鸟。

附录

罗夫曼语录

1. 每个人一生的"爱情额度",都是有限的。

2. 要把爱情当成是一个很神圣、很重要的人生功课,而不是依据自己情绪好恶进行的情感游戏。

3. 缘分,不是上天注定的,是需要你自找的。当然了,孤单也是。

4. 你的孤寂和心碎,不是人生的终点,而是另一段爱情的起点。

5. 寻找真爱的过程,本身就是爱情的一部分,没有心碎和孤寂,就没有坚贞和信念,爱本身也无法变得神圣。

6. 你想在网络找到真爱,就好像要在麦当劳买到卫生棉一样,根本是天方夜谭。

7. 爱是一种奇迹,由上帝当导演,你不能把爱当工程或写程序,不能预设目标,更不能急着要有进度或成果。

8. 熟男是二手车,不能疯狂飙车,不过,只要你懂得定期保养和维护,二手车开起来,舒适安全又不会打滑,反而可以降低行车风险,安稳地陪你走完人生。

9. 不是爱情残忍,而是爱上不该爱的人,才会让你没有电梯坐,直接摔入十八层地狱。

10. 没有结果的爱,心再痛也要切掉,这不仅是一个良心上的功课,也是追求真爱的一个考验。

11. 人可以后悔,但不可以遗憾。

12. 人的一生中,真正的好姻缘不是每天都有,每个人的额度也都差不多,千万别指望你祖上有德或是常扶老婆婆过马路,姻缘额度就会比人家多一点。

13. 不值得爱的男人,就像癌细胞一样,只要是对你有害的,再痛再不忍心,也要狠下心来切割,否则后患无穷。

14. 遇上烂桃花并非死路一条,反而是对你的意志力的考验。

15. 那些愈是强调宁缺勿滥的单身女,只要有人追,就愈无法坚守城池。

16. 爱,唯有自然的来,才有可能自然地走下去,长长久久的。

17. 女人,很容易心软,也很容易把同情和爱情搞混。

18. 不管对方的表演多感人，没有感觉的爱，就不要勉强接受，更不能为了排遣寂寞或想参加派对，就玩弄人家和自己的感情。

19. 幸福，有时是需要主动和勇气的，甚至要放下身段，再加一点用心和贴心，才能拥有。

20. 要知道，如果你想真正脱离饥渴状态，第一步就是要先承认自己是饥渴的，如此，你才会有勇气和动力去追求自己的幸福。

21. 幸福，是个主观的感受，这世上有多少种女人，就有多少种幸福。

22. 所谓的幸福和真命天子，并非只有一种标准和尺度，也并非人家的尺度，你就要照单全收。

23. 每个人都有属于自己的"好命关键词"，这也是决定你幸福与否的关键密码。

24. 真爱就像一颗苹果，外表看很鲜亮可口，但那只是看起来，是否可口香甜，你一定要亲自咬一口，才能感受到它的真滋味。

25. 有心爱伴侣和归宿的甜蜜，是单身时再怎么快乐也无法取代的。

26. 爱情要满分，情人只要六十分就好，毕竟，对大部分的人来说，安全感，比虚荣心更重要。

27. 当你选情人，太要求外表条件时，你爱的人，不见得是你需要的人,反而有可能是来拖累你的。

28. 有太多女孩子遇人不淑,就是把自己当筹码,把自己的幸福当赌注,蒙着眼,靠运气去选男人,结果当然是人财两失。

29. 美丽或顺眼的外表,只是引导我们进入真爱殿堂的一道门。当你穿越它,它的任务就结束了。

30. 幸福是需要信念和纪律,才能拥有的宝藏。

31. 如果你懂得六十/一百法则,你会发现,你需要的人,虽不见得是你妄想的心爱对象,但可以得到你的尊敬,让你拥有一百分的爱情和幸福。

32. 小男人的厉害,大女人永远是最后一个知道的。

33. 缘分是自找的,当你在对的时间,说对一句话,你的美好姻缘,就会自动来按门铃。

34. 一个女人要成为一个好老婆,需要具备三个条件:顾家、厨艺和撒娇。

35. 你不能把姻缘当成是天注定的,把幸福的责任都推给老天爷,自己不修边幅,烟不离手,酒后无德,还期望有缘的男人,会自动来到你身边。

36. 恋爱需要运气,更需要智慧和意志力,就像打麻将一样,有些牌看来不错,可以吃,但吃了又会破坏牌势,这种好吃却不是你的菜的"美味废牌",最好还是要忍住不吃。

37. 人生的运势就像潮汐和股市一样，起起伏伏的，如果你不能熬过低潮，就不会有机会去享受，下一波即将来临的大潮。

38. 这个宇宙就像回转寿司一样，一直运转着，当你人生中的烂菜都出尽，你的真命天子，就准备登场了。